日中・中日
翻訳
トレーニング
ブック

髙田裕子
Takada Yuko

毛燕
Mao Yan

大修館書店

はじめに

　本書は、中級レベル以上の日本語ネイティブ学習者を対象とした実践的な日中／中日翻訳スキル習得のためのトレーニングブックです。

　翻訳を学ぼうと考えている人は多いと思いますが、どこから学び始めればよいのか、どのように学べばよいのかわからないという声をよく耳にします。本書では、日中／中日の翻訳上の留意点を具体的に示し、比較的短い文章の翻訳を繰り返すことで、着実に力をつけられるように構成されています。

　翻訳にはさまざまな種類がありますが、本書では基礎から上級レベルまで段階的に学ぶことができ、ビジネスとしても需要の多い実務翻訳について学びます。

　実務翻訳を学ぶということは、すなわち中国語と日本語の原文を注意深く読んでその内容を正しく理解し、理解した内容を正しい日本語と中国語で書くということに他なりません。これら翻訳の基本的な2つの能力と翻訳スキルとを有機的に関連づけながら学ぶことが、中国語のレベル向上にもつながることと思います。

　本書の構成は次のとおりです。
　第1部では、翻訳概論、日本語と中国語の間の翻訳の特徴、翻訳の種類などについて説明し、翻訳作業の手順についても具体的に紹介しています。
　第2部では中国語から日本語、第3部では日本語から中国語の翻訳スキル習得のための解説と実践的トレーニングを行います。それぞれLesson1～8の単元があり、難易度の低い学習内容から徐々に高い学習内容へと無理なく学べるようになっています。
　各単元では翻訳の重要なスキルを取り上げています。大きな学

習目標の下に、翻訳スキル習得のための【学習のポイント】が示されています。

　【学習のポイント】別に、翻訳の課題文があります。その下にあるNG訳や試訳を見ずに、まず自分自身で訳してみることを勧めます。自分の訳と本書の訳例を見比べることで、さまざまな点に気付くことがあるでしょう。修正すべき箇所や翻訳上の問題点に自分で「気付く」ことは、とても大切です。

　NG訳には学習者が間違えやすいポイントが盛り込まれています。試例は1つの参考として付しました。

　「学習ポイント以外の注意点」を付したものもあります。ここにも必ず目を通してください。翻訳は全体のバランスも大変重要ですので、1つのポイントを修正すれば良いというわけではありません。「学習ポイント以外の注意点」では、より注意深く原文を読み、慎重に訳すためのヒントが書かれています。

　練習問題と演習問題は、その単元の学習ポイントを意識して腕試しのつもりで訳してみましょう。本書では、わかりやすく、また効率よく翻訳スキルを習得してもらうために、練習・演習問題は比較的短い文章を採用していますが、短い文でも訳し終えたら必ず推敲をし、全体のバランスを確認するようにしましょう。

　練習問題の解答例は単元の終わりに、演習問題の解答例と解説は巻末にあります。

　コラムには、翻訳をするときに役立つ知識を紹介しています。

　本書の執筆にあたりましては、企画段階より一貫して、大修館書店の富永七瀬さんにご尽力をいただきました。心よりお礼申し上げます。

2009年秋

髙田裕子　毛燕

目　次

はじめに　　iii
目次　　v

第 1 部　翻訳について　　1

 ❶ 翻訳するということ　　2
 ❷ 翻訳のプロセス　　5
 ❸ リサーチ　　7
 ❹ 日本語表記上の留意点　　12
 翻訳チェックシート　　14

第 2 部　中→日編　　15

Lesson 1　同形語に注意する　　16

 学習の
 ポイント
 ❶ 同形異義語に留意する
 ❷ 同形近義語や多義語は慎重に訳す

Lesson 2　難訳中国語　　22

 学習の
 ポイント
 ❶ 難訳単語にどう対応するか
 ❷ 四字成語（慣用句・ことわざ）を的確に訳す
 ❸ 一部の 4 文字構造の言葉

Lesson 3　省略する例　　30

 学習の
 ポイント
 ❶ 主語を適度に省略する
 ❷ 一部の副詞を省略する
 ❸ 複数形を適度に省略する
 ❹ 重複部分を省略する

目　次

Lesson 4　文章記号と表記ルールを正しく理解し訳す　　　　38

学習の ポイント
❶中国語の文章記号の理解と処理
❷数字・固有名詞・ルビ・常用漢字

Lesson 5　適訳を採用する　　　　46

学習の ポイント
❶分野に適した訳語・定訳・用語を選択する
❷外来語に訳す
❸認知度の高い言葉、通りのよい表現

Lesson 6　補って訳す　　　　56

学習の ポイント
❶関連する言葉を補って訳す
❷説明・注釈を補う

Lesson 7　日本語表現　　　　64

学習の ポイント
❶原文にひきずられない ── 連語（コロケーション）
❷原文にひきずられない ── 表現の工夫
❸代名詞・人称代名詞の処理
❹実務翻訳にそぐわない表現

Lesson 8　訳す順序　　　　74

学習の ポイント
❶中国語の順に沿って訳す
❷訳す順序を変えた方がよい場合──原文の要素から判断する
❸訳す順序を変えた方がよい場合──明快な日本語にするため

目 次

第3部　日→中編　　89

Lesson 1　拆译／分译（区切って訳す）　　90

学習のポイント
- ❶多くの要素が盛り込まれているセンテンスを区切る
- ❷長い修飾語を含むセンテンスを区切る
- ❸センテンスの途中で主語が変わっている場合

Lesson 2　反译（否定文を肯定文に、肯定文を否定文に訳す）　　96

学習のポイント
- ❶否定文を肯定文に訳すケース
- ❷肯定文を否定文に訳すケース

Lesson 3　减译（省略する例）　　102

学習のポイント
- ❶実質的な意味を含まない部分は省略する
- ❷訳さなくてもよい接続詞を見極める

Lesson 4　标点符号（文章記号と表記ルール）　　110

学習のポイント
- ❶文章記号の理解と処理
- ❷数字・固有名詞（人名・地名）など

Lesson 5　使令动词"使"（使役文に訳すケース）　　116

学習のポイント
- ❶因果関係を明確にする
- ❷発想の違い

目 次

Lesson 6　加訳（補って訳す）　　　122

学習の
ポイント
❶主語・動詞・助数詞を補う
❷類型を示す言葉"工作""问题""任务"を補う
❸原文の意味・単語の意味を補う

Lesson 7　巧用连词，介词（効果的な接続詞・介詞）　　　130

学習の
ポイント
❶因果関係を表す接続詞・介詞
❷手段を表す接続詞・介詞
❸因果関係―状況と結果を表す接続詞・介詞

Lesson 8　間違いやすい表現―よりよい翻訳のために　　　138

学習の
ポイント
❶間違いやすい単語とフレーズ
❷動詞と目的語の組み合わせ
❸中国語らしい表現を心がける

本書執筆のための参考資料　　　146
演習問題の解答例と解説　　　147

コラム

❶文字数　45／❷訳し戻しトレーニング　55／❸肩書きなどの訳し方　87／❹名詞と助数詞の組み合わせ　121／❺原書と翻訳書を読む　146

第 1 部
翻訳について

1. 翻訳するということ

❶翻訳とは

　翻訳とはごく単純に申しますと、ある言語で書かれた文章をその意味を変えずに別の言語に直すことです。

　しかしながら、ただ辞書を引きながらこつこつ言葉の置き換え作業を重ねても翻訳にはなりません。なぜならそのような作業においては、異なる言語間の発想法の違いは往々にして無視されるからであり、筆者が文章全体に込めたメッセージを見落とす恐れが大きいからです。

　また、ジャンルによって、翻訳に要求されることはさまざまです。例えば、小説や随筆などを翻訳する文芸翻訳の分野においては、文学的な感受性と表現力の豊かさが求められますし、商取引文書やマニュアルやレポートを翻訳する実務翻訳の分野では、さまざまな実務的な知識や専門用語の理解と正しい運用に熟練が求められます。

　しかし、全ての翻訳に共通して求められる能力は主として2つに絞られると思われます。1つは「原文を読み、理解し、筆者の意図を正しく把握する能力」、そしてもう1つは「筆者の意図を自身の判断に基づき適切な言葉や表現を用いて表す能力」です。

　本書では、最初に挙げた「原文を読み、理解し、筆者の意図を正しく把握する能力」の重要性を特に強調したいと思います。翻訳の学習と言うと、すぐに「個々の語彙をどう訳すか」「どのように表現するか」と考えがちですが、著者や筆者の意図するところを正しく把握するのが翻訳の第一歩であり、最も重要な点です。この点をおろそかにして翻訳作業はスタートできません。

❷日本語と中国語の翻訳

　日本語と中国語は言語学上異なる系統にあるのですが、「漢字」と

いう共通項を有しているために、他の言語との翻訳とは違う特徴を持っていると言えるでしょう。

日本語と中国語の翻訳は、この「漢字」の存在ゆえの便利さもありますが、一方では文字からの単純な連想によって誤訳を生じたり、「漢字で書いてあればわかってもらえるだろう」という思い込みに基づく安易な翻訳も見受けられるように思います。

翻訳する際は、原文の語句の意味をしっかり調べ、その概念やニュアンスを把握することが大切なのは当然ですが、このほかに、文法に沿って１つ１つのフレーズをおろそかにせず、厳密に読み込むことが極めて重要です。この「原文を読み込む」重要性を認識せず、「なんとなくわかった」状態で、「訳す」という段階に進むことはできません。

❸ 翻訳の種類

翻訳は大きく以下の３つに分類されます。

１）実務翻訳

実務翻訳は、産業翻訳・ビジネス翻訳とも言われます。仕事の量から言えば、翻訳業務の大半を占めており、その名前どおりビジネス関連のあらゆる分野の仕事が含まれています。各種工業、化学、医療、金融、法律、特許など非常に広範囲にわたります。中国語の翻訳者の場合、それぞれ得意分野はあるものの、特に専門分野を限定せずに幅広く仕事を引き受けているのが現状です。

２）出版翻訳

文芸翻訳とも言われます。これは文学作品や雑誌などの出版物を翻訳する仕事ですが、特に文学作品の翻訳には、非常に高度な読解力と訳の表現力だけでなく、言葉に対する鋭いセンス、文才が求められます。それだけに、学習すれば誰でもできるというものではないように思います。

3）映像翻訳

　メディア関連の翻訳です。テレビ番組や映画・DVD の字幕を翻訳する字幕翻訳、台詞やナレーションなどを吹き替え用の原稿にする吹き替え翻訳、インタビュー音声やニュースを翻訳する放送翻訳などがあります。映画・DVD の字幕翻訳の仕事は、文字数制限もありますので、一般の翻訳以外の技術も必要とされます。

●❹翻訳に必要なツール
1）パソコン

　翻訳の作業は、その準備段階から仕上げまで、ほとんどパソコンで行います。パソコンの操作にある程度慣れていることが必要です。また、翻訳だけでなく文書のレイアウトも一緒に依頼されることがありますので、Word や Excel、Power Point 等の基本的な編集や表作成、レイアウト関連の知識も欠かせません。

2）辞書

　言うまでもなく辞書は翻訳者にとって重要なツールですが、学習を始めたばかりの人は、たいてい「日中辞典」「中日辞典」「国語辞典」の3種類くらいしか使わないようです。今は電子辞書を持っている人も多いのですが、電子辞書に搭載されているコンテンツを使いこなしていない人も多いように思われます。

　翻訳者が基本的な辞書として使うのは、日中／中日辞典、中中辞典、英和／和英辞典、英中／中英辞典、新語辞典、類義語辞典、"同义词词典"、新聞用語辞典などです。この他に必要に応じて、各種専門分野の辞典（工業・化学・医薬・医療・建築・土木・IT・アパレル・貿易実務… etc.）を使います。また、オンライン辞書"在线词典"や、各業界団体などのサイトにある専門用語辞典も活用します。

2. 翻訳のプロセス

　原稿を入手したらすぐにパソコンに向かって翻訳を始めるわけではありません。ここでは一般的な手順を紹介します。

❶ 準備段階
　1）翻訳する分量の確認をし、締め切りまでのプランを立てます。締め切りまで何日あるか、その時間内に翻訳を終えられるかどうか、自分自身の力量を把握しておく必要があるでしょう。
　2）原文の読み込みを行います。この段階では、筆者のスタンスや背景、文章の構成を把握し、筆者の意図を読み取るように努めます。
　3）必要に応じてパソコンでのリサーチ、関連書籍・資料の収集を行い、関連知識を充実させます。特に不得手な分野やあまり経験のないジャンルの翻訳をする際は、この段階にかなりの時間をかける必要があるでしょう。
　4）原文の分野や内容に相応しい文体（スタイル）の検討をします。事務的で淡々としている文章なのか、ソフトに語りかけているのか、全体に緊張感が漲っているのか、力強くアピールしているのかなど、原文の読み込みを終えた時点で、結論が出ているのが望ましいと思います。

❷ 翻訳スタート
　1）翻訳作業に着手します。分量が多い場合は、いくつかに区切って翻訳を進める場合もあります。
　2）訳語を調べたり、適訳かどうかを検証します。文章の構成、論理の流れなどに基づいて、適切な訳語や表現を慎重に選択する必要があります。

3）充分な推敲を経て、翻訳は一応の終了となります。

❸ チェック

1）文体（スタイル）や、専門用語・キーワードの訳語の統一・矛盾点や訳漏れの有無・レイアウトが適切かなどをチェックします。自分自身が翻訳した文章を客観的に見ることはなかなか難しいので、翻訳を終えてすぐにチェックするのは効果的とは言いかねます。できましたら翻訳の一応の終了日から一両日空けて行うのが望ましいでしょう。

　チェックする際は、パソコンのモニター上で行うのは避け、原稿をプリントアウトして行った方が良いと思います。

2）清書します。

3）最終チェックを行います。

❹ 翻訳が終了し、クライアントに納品します。

3. リサーチ

その1　何をリサーチするか

❶ 筆者・著者について

　筆者や著者の名前がわかれば、事前にリサーチしておきましょう。どのような立場の人が書いたのかがわかれば、原文理解の助けになりますし、訳語の選択などの基準になることもあります。

❷ 専門用語

　専門用語の訳語は慎重にリサーチする必要があります。リサーチの不備が直接「誤訳」に結びつくということを忘れないでください。

❸ 固有名詞・正式名称

　固有名詞や正式名称は1つしかありません。インターネットで検索すると通称や略称の方が多くヒットする場合も少なくありませんので気をつけましょう。

❹ 疑問点・あやふやな知識

　少しでも疑問に感じた点、「たぶんこれでいいだろう」というあやふやな点は、すぐに確かめておく習慣をつけたいものです。パソコンの操作に慣れていれば、大した手間ではないはずですが、案外この習慣が身についていない人が多いように思います。

その2　何を用いてリサーチするか

❶ 辞書

　電子辞書やオンライン辞書を含む各種の辞書を活用します。各業界の企業で構成された「〜連合会」「〜協会」などのサイトや、業界大手企業のオフィシャルサイトにある専門用語の辞書や消費者向けの商

品紹介などのコンテンツは大変有用です。

〈オンライン辞書・事典〉
　Weblio　（各種辞典、類語辞典、英和・和英辞典　他）
　汉语词典
　汉英词典
　Wikipedia／维基百科／ウィキペディア
　百度百科
　Yahoo! 百科事典（『日本大百科全書』小学館）

❷ **権威サイト**
　まずは権威サイトからリサーチを始めることを勧めます。国名・外国の政府要人の名前・外交政策・国際関係でしたら外務省・"外交部"、経済・貿易関連は財務省・経済産業省・"財政部"・"商務部"、文化・教育行政関連は文部科学省・"教育部"・"文化部"など、各省庁の名称を見れば管轄範囲はすぐ分かりますので、探しやすいと思います。また各省庁のサイトから関連機関のサイトにリンクしていますので、より効率的にリサーチできます。

❸ **書籍**
　インターネットで得られる情報は大変便利ですが、万能ではありません。インターネットでいくら調べても、断片的な知識しか得られないこともよくあります。特にその分野について知識がないと、どのサイトの情報を選択すればよいのかもわかりません。そこで、出来るかぎり関連書籍を読んで背景知識を充実させることが大切です。その分野についてほとんど知識がないのであれば、その分野の入門書を読むことを勧めます。

〈辞書・事典〉

愛知大学中日大辞典編纂処編『中日大辞典』大修館書店
北京・商務印書館、小学館編『日中辞典』小学館
北京・商務印書館、小学館編『中日辞典』小学館
塚本慶一編集主幹『中国語新語ビジネス用語辞典』大修館書店
北原保雄編『明鏡国語辞典』大修館書店
新村出編『広辞苑』岩波書店
山口翼編『日本語大シソーラス―類語検索大辞典』大修館書店
《現代汉语大词典》编委会编《现代汉语大词典》汉语大词典出版社
吴光华编著《汉英大辞典》上海交通大学出版社
陆谷孙主编《英汉大词典》上海译文出版社

〈電子辞書類〉
　各種電子辞書
　中国語ソフト「Chinese Writer」高電社

〈翻訳学習のための参考書籍〉
　本田勝一著『日本語の作文技術』朝日文庫　1982年
　大野晋著『日本語の教室』岩波書店　2002年
　大野晋著『日本語練習帳』岩波書店　1999年
　国立国語研究所「外来語」委員会編『外来語言い換え手引き』ぎょうせい　2006年
　吕叔湘主编　『现代汉语八百词　增订本』商务印书馆　2007年

その3　どのようにリサーチするか

❶ 画像検索

　未知の分野の言葉で、訳語がわかったとしても、それがどのような物か見当がつかない場合もあります。訳語がわかれば翻訳はできますが、パソコンの画像検索で具体的な形を確認することは大切だと思います。具体的なイメージをつかむことで、自信をもってより良い翻訳

をすることもできますし、またつまらぬ誤訳を防ぐこともできます。

❷検索の方法

　日本でも中国でも、毎日新しい言葉が生まれています。「新語辞典」は力強い助っ人ではありますが、それでも次から次へと生まれる新語には対応しきれないのが現状です。辞書にない言葉をどのようにして調べるか、ここでは２つの方法を紹介しましょう。

　１つ目は「英語」を仲立ちとしてリサーチする方法です。具体例を示した方がわかりやすいと思いますので、ここでは"碳补偿"の訳語をグーグルでリサーチするプロセスを見てください。

①グーグルの表示設定を「中国語簡体字」にし、保存します。
②「検索オプション」をクリックし、検索条件の「フレーズを含む」という欄に検索する語を入力します。
③次に"碳补偿"の英語表記の見当をつけます。"碳"は"carbon"ですから、検索条件の「すべてのキーワードを含む」の欄に"carbon"と入力します。

　　画面上はこのような感じになります。

検索条件	すべてのキーワードを含む	carbon
	フレーズを含む	碳补偿

以上の入力を終えたら Google 検索 をクリックします。

④表示された検索結果の中に"碳补偿（carbon offset）"を含むサイトが多数表示されました。これで"碳补偿"の英訳は"carbon offset"であることがわかりました。
⑤今度は日本語の検索エンジンにアクセスし、

　　"carbon offset"　　カーボン

と入力し、検索します。英語だけでも良いのですが、スペースを

入れて外来語表記を加えますと、スムーズに日本語訳が検索できます。
⑥そうしますと、検索結果の中に「カーボンオフセット」が多数ヒットしましたので、"碳补偿"の訳語は「カーボンオフセット」であるらしいということがわかりました。
⑦更に、ヒットしたサイトの1つにアクセスしますと、環境関連の言葉だということが分かります。そこで環境関連の権威サイトの1つである環境省のサイトにアクセスし、「カーボンオフセット」という日本語に間違いがないか確認し、訳語決定となります。

　もし⑤で検索した結果、2つ以上の語彙がヒットした場合は、その語彙の分野における権威サイトでどちらの語彙が用いられているか、あるいはウェブサイト全体のヒット数はどちらが多いかなどで、採用する訳語を決めることになります。

2つ目は、上述のリサーチ方法でわからなかった場合の方法です。
　①フレーズ検索で調べたい語彙を検索する。
　②調べたい語彙の含まれているセンテンスを読み、単語の意味を推測する。
これは、中国語の読解力が求められますし、時間もかかるリサーチ方法ですが、このリサーチができるようになれば、かなりの実力がついたといえるでしょう。

4. 日本語表記上の留意点

　翻訳する際、特に注意すべき日本語の表記ルールをいくつか紹介します。

❶レイアウト
　原則的には原文のレイアウトと一致させます。

❷改行
　原則的には原文の改行と一致させます。

❸書き出しと改行の字下げ
　中国語は２文字下げですが、日本語は１文字下げです。翻訳の際にはこういうケアレスミスもよく見られます。

❹読点
　句点の重要性はよく認識されていて、間違える人は少ないと思います。しかし読点については、多くの人が不用意に打つ傾向があります。句点も読点も文字と同じように重要であることを再認識する必要があるでしょう。ごく短い修飾語の後に読点を打ったり、ワープロソフト上で文字変換をするごとに読点を打っていませんか。無駄な読点がないか気をつけましょう。

❺なかてん
　名詞の並列は、なかてん「・」を用います。ただし、名詞以外のフレーズの並列にはなかてんを用いず、読点を使います。

❻注釈

　注釈の位置は、原文のレイアウトを尊重するのが原則です。しかし最終的にはクライアントに確認し、その指示に従うのが一般的です。

❼常用漢字

　一部の固有名詞をのぞき、実務翻訳では常用漢字を用います。場合によっては常用漢字以外の漢字を使う場合もあるでしょうが、その際は、ルビをふるなどの処理が必要となります。

❽数字

　実務翻訳は、ほとんど横書きです。したがいまして、数字は原則として算用数字（アラビア数字）を用います。半角で入力するのが一般的です。大きい数の表記は、3桁ごとにコンマ「,」で区切ります。
　ただし、「一般」「一時的」「一部分」など数の概念が薄くなった言葉は漢数字を用いて表記します。

❾感嘆符・疑問符

　実務翻訳では、原則として感嘆符「！」や疑問符「？」を用いません。

翻訳チェックシート

　翻訳を終えましたら、仕上げとして最終チェックを行いましょう。自分が訳した文章はなかなかミスが見つかりにくいものですが、できるだけ客観的に冷静な目でチェックするように心がけたいものです。チェックは、パソコンのモニター上で行ってもかまいませんが、できればプリントアウトして行った方が確実です。

- [x] **原文理解**　…あいまいな箇所をそのままにしてありませんか。
- [ ] **誤字・脱字**　…推敲の段階で書き直した箇所は念入りにチェックしましょう。
- [ ] **英語・数字表記**　…半角が原則です。年号以外の数字表記について、位取りを忘れていませんか。中訳の場合は位取りにこだわりません。
- [ ] **文末処理**　…「です・ます」調か「である」調で統一されていますか（日訳限定チェックポイント）。
- [ ] **レイアウト**　…原文のレイアウトに従っていますか。
- [ ] **フォント・字体**　…訳文全体で一貫していますか。
- [ ] **訳語の統一**　…専門用語や原文に繰り返し出てくる言葉の訳が統一されていますか。
- [ ] **文章表記ルール**　…文頭や改行の字下げ、句読点や文章記号の使い方に間違いはありませんか。
- [ ] **不自然な表現**　…日本語あるいは中国語として不自然な表現、翻訳調の表現はありませんか。
- [ ] **不明瞭な表現**　…一度読んだだけでは理解できない箇所がありませんか。指示代名詞が何を指すのか明確に示されていますか。

第2部
中→日編

第2部 中→日編 Lesson 1

同形語に注意する

　漢字は日本語と中国語に共通する文字ですので、日中両語をより身近に感じさせてくれる頼もしい存在です。同時に、日本語の漢語表現と中国語とでは、表記は同じでも異なる意味が含まれているという点はよく承知しているはずです。しかし実際のところ、同形の単語が文中に出てきますと、つい不用意な訳をしてしまう事が少なくありません。少し気をつければこのようなつまらないミスは避けられます。

学習のポイント
1. 同形異義語に留意する
2. 同形近義語や多義語は慎重に訳す

ポイント 1　同形異義語に留意する

　中国語の学習を始めた頃に、"手紙" "愛人" "老婆" など代表的な同形異義語をいくつか学んだと思います。しかし一部の同形異義語は、それと気付かないまま誤訳しても、その間違いが目立たないため、推敲の段階でもチェックをすり抜けてしまうことがあります。ある程度中国語の読解がスムーズにできるレベルの人、また日本語と中国語の区別が曖昧になっていると自覚している人は気を付ける必要があります。

　次の例を見てください。

課題

　　我市十分重视提高学生的学习能力，近年来为全国一流高校输送了众多的高材生。

[NG訳]　当市は学生の学力向上を大変重視しており、近年全国の一流高校へ多くの優等生を送り込んでいる。

[試訳]　当市は児童・生徒の学力向上を大変重視しており、ここ数年全国の一流大学へ多くの成績優秀者を送り込んでいる。

[解説]　この例文で注意するのは"学生"と"高校"です。この2つの単語はつい機械的に「学生」「高校」と訳してしまいがちです。しかし、中国語の"学生"は、小学生・中学生・高校生・大学生など全ての生徒を指すのに対し、日本語の「学生」は一般的に大学生のことを言います。また中国語の"高校"は高等教育機関、すなわち大学・大学院などのことです。

　同形異義語の誤訳は最も初歩的なミスですが、防ぐのはそれほど難しくありません。原文を注意深く読み、訳文に矛盾がないか確認しましょう。

[練習問題]　（解答☞ p. 21）
　　昨晚的演出很成功。

[ミニクイズ]　（解答☞ p. 21）
次の同形異義語の意味は？

①缘故　　　②阶段　　　③古风　　　④结束
⑤觉悟　　　⑥小心　　　⑦天井　　　⑧应酬
⑨戏曲　　　⑩迷惑

ポイント ❷　同形近義語や多義語は慎重に訳す

　同形異議語の場合は比較的よく注意する人でも、同形近義語や多義語となりますと、間違えるケースがよく見られます。訳す段階でスムーズにつながらなかったり、不自然な表現になったりする場合は、近義語か多義語であるかもしれないと疑ってみると良いでしょう。辞書で調べる際は、語釈を最後まで読むことが大切です。予め自分が見当をつけた語釈が見つかったからといって、そこで辞書を読むことをやめるとつまらないミスにつながります。

【課題①】

　本公司十分重視員工的意见，多次组织各种讨论，鼓励员工向公司建言献策。

NG訳　当社は従業員の意見を非常に重視しており、各種討論会を頻繁に組織し、従業員の会社への提案を奨励する。

試訳　当社は従業員の意見を大変重視しており、頻繁に各種の討論を行い、会社への提案を奨励している。

解説　上記の課題文では"组织"に注目してください。ここでは動詞として使われていますから、「組織する」と機械的に処理する人も少なくないと思われます。"组织"と「組織する」の意味は完全に一致するものではありません。それぞれ辞書で確認してみてください。ここでは「(討論を) 行う」と訳すのが適切です。

　NG訳のように「各種討論会を頻繁に組織し」としても、わからないわけではありませんが、訳の正確さには欠けるといえます。

課題②

> 伊朗与欧盟就核问题进行的谈判可望在未来一个月内恢复。

NG訳 イランとEUは、核問題について進めている交渉を、未来の1か月以内に回復させる見通しだ。

試訳 イランとEUの核問題に関する交渉は、今後1か月以内に再開される見込みである。

解説 "未来"は、つい「未来」「将来」と置き換えたくなる単語のようです。恐らく辞書を調べることもしないでしょう。しかし、日本語ネイティブがわかっていると思い込んでいるような基本単語の中に同形近義語や多義語がたくさんあるのです。NG訳が中国語から日本語へ非常に強引に単語を置き換えた、まずい訳であることは一目でわかります。

　"未来"を辞書で調べれば、すぐに「これからまもなく」という語釈が見つかるはずです。この語釈から考えをめぐらせれば、「今後1か月以内に」という訳は比較的容易にできると思います。

> ⚠ **学習ポイント以外の注意点**
>
> ・課題の主語（主部）を正確に把握しないまま翻訳しようとすると、NG訳のようになってしまいます。課題の主部は"伊朗与欧盟就核问题进行的谈判"ですから、試訳では主部とわかりやすいように、コンパクトに訳しています。
> ・"可望"は辞書で調べても、なかなかぴったりの訳語を見つけられないのですが、そのような場合は「漢字」の意味から考えましょう。ここでは「見通しである」よりも「見込みである」の方がベターです。

> ・"恢复"は、前後関係で柔軟に訳す必要がある単語です。「回復する、取り戻す、復帰する」などさまざまな訳語が考えられますが、課題では対象が"谈判"ですから、ここでは「再開する」と訳すのが適切です。

練習問題　(解答 ☞ p. 21)

①南非的公共服务部门员工举行示威游行要求政府加薪。

②我司不断开发新产品以满足客户的要求。

演習問題　(解答 ☞ p. 148)

　同形異義語、同形近義語、多義語に注意して、次の中国語を日本語に翻訳してください。

①我市的5条公路建设工程的前期准备工作目前正在顺利进行。如今已完成3条公路的可研、环评、规划选址等前期工作，其它两条公路也正在进行可研等工作。

②韩国媒体报道说，朝鲜驻联合国副代表称，朝鲜将在条件合适的情况下重返朝核问题六方会谈。

③在昨天召开的教育系统工作会议上，市教委再次明确了加强青少年思想道德建设的重要性，并指出了今后教学的发展方向。

④国家税务总局有关负责人就个人所得税有关问题答问时表示，将工薪收入者一概视为低收入阶层的看法，是与实际情况不符的。

🔵 練習問題解答

p. 17

昨夜の公演は大成功だった。

p. 20

①南アフリカの公共サービス部門の職員はデモ行進を行い、政府に賃上げを要求した。

②わが社は常に新製品を開発し、ユーザーのご要望に応えております。
＊原文に"客戸"とあること、また企業としてのアピールが記されていることから、顧客を意識した文であると判断し、丁寧語を用いてあります。

🔵 ミニクイズの答え

p. 17

①原因・理由　②段階　③昔の風俗習慣　④終わる・終了する　⑤自覚する・悟る　⑥注意する・気をつける　⑦中庭・天窓　⑧交際する　⑨中国伝統の演劇　⑩戸惑う・惑わす

第2部 中→日編 ● Lesson 2

難訳中国語

　翻訳を始める際、原文をざっと見ただけですと「なんとか訳せそう」と思っても、いざ訳し始めるとさまざまな問題に直面します。その中でも最も頭を悩ませるのは「難訳中国語」の問題でしょう。ここでは、単語や四字成語などタイプ別の「難訳中国語」にどう対応すればよいか学びます。

学習のポイント
1. 難訳単語にどう対応するか
2. 四字成語（慣用句・ことわざ）を的確に訳す
3. 一部の4文字構造の言葉

ポイント 1 　難訳単語にどう対応するか

　「難訳単語」は、辞書で調べても原文の文脈にしっくりくる語釈がなかなか見つかりません。仕方なくそのまま使おうとすると、訳文のなかでそこだけ「浮いて」しまう感じは否めません。

　このような場合、基本的なことですが、原文を読んで内容をよく把握したうえで、訳語を自分で考えるしかないのです。しかし訳語を考える際には、あくまでも辞書の語釈をベースにし、そこから飛躍しすぎないように気をつけましょう。適切な訳語を考えつかなかった末に、飛躍しすぎて「創作」にならないようにしてください。

　訳語に詰まった時は「類義語辞典」または「シソーラス」が重宝します。「類義語辞典」は具体的な用例を挙げ、わかりやすく解説していますので、語彙の理解や使い分けに自信のない人にはこちらの方をお勧めします。語彙の理解が充分であれば収録語彙数の多い「シソーラス」が便利でしょう。類義語辞典やシソーラスで調べた後は、慎重

を期す意味でも、さらに国語辞典で検証することをお勧めします。

では、次に「難訳単語」の具体例の訳を見ながら考えてみましょう。

> **課題**
>
> 中国目前正处在信用消费发展初期,"先消费,后还款"成为一种新的消费观念。大家敢刷卡,热衷于刷卡消费,但是不知不觉之中很多持卡人已成了"卡奴"。

NG訳 目下中国ではクレジット消費の発展初期にあり、「先に買い、後で返済」は一種の新たな消費コンセプトになった。皆思い切ってカード決済をし、カード消費に熱中しているが、多くの人が知らず知らずのうちに「カード奴隷」になっている。

試訳 現在中国はクレジット消費の発展初期にあり、「先に買い、後で返済」は一種の新しい消費コンセプトになった。人々はカード決済をためらわず、カード消費に熱中しているが、知らぬ間にクレジットカードの返済に四苦八苦する「カード奴隷」となっている人も多い。

解説 ここのポイントは"敢"という1文字の訳し方です。まず辞書で調べてみましょう。「あえて〜する」、「思い切って〜する」などの語釈がありますが、どれもこの文には合わないような気がしませんか。こういう場合は"敢"の語釈を同義語、あるいは類義語に言い換えてみることです。シソーラスを活用しましょう。試訳の「カード決済をためらわず」という表現は、こうして思いついたものです。

第2部 中→日編 ● Lesson 2

> ❗ **学習ポイント以外の注意点**
>
> ・課題文は、現在最新の情報を扱っています。したがいまして訳文にもいわゆる「新語」を積極的に用いたいものです。
> ・試訳には「カード奴隷」について「クレジットの返済に四苦八苦する」と、原文にない表現があります。これは読み手の理解を助けるために必要な情報を補うという翻訳のスキルの1つです。
> （☞ p. 56）

練習問題　（解答 ☞ p. 29）

　　如今，中国有一些年轻人被称作"月光族"。即指将月薪全部花光的年轻人。这些人敢消费，甚至可以将全部月薪买一条项链或都用于娱乐。他们缺少生活磨炼，不知道赚钱辛苦。

ポイント ❷　四字成語（慣用句・ことわざ）を的確に訳す

　四字成語や慣用句、ことわざの翻訳は、まずその言葉が次のどのタイプかによって、対応が異なります。

　第1のタイプは、日本語と中国語がその意味や形式において、完全に一致あるいはほぼ一致している言葉です。両者が完全に一致している例としては、"一举两得"「一挙両得」、"温故知新"「温故知新」、"大器晚成"「大器晩成」、"四面楚歌"「四面楚歌」など、日本語でもそのまま四字成語として通用しているものがあります。これらはそのまま表記を日本語に変えれば良いだけですから、最も簡単な例といえます。

　両者がほぼ一致している例としては"入乡随俗"「郷に入れば郷に従え」、"有备无患"「備えあれば憂いなし」、"青天霹雳"「青天の霹靂」、"背水一战"「背水の陣」などがよく知られています。これも中

国語から容易に日本語を連想できますから難易度は低いといえます。しかし、最近では漢語や漢文に関心の薄い人も多いようですから、中国語を見ても日本語に対応しているかどうか、日本語として広く知られている漢語表現かどうか判断のつかないこともあるでしょう。自信のない人は辞書をよく調べてください。以上にあげた言葉は日本語の定訳がありますので、特別な事情がない限りオリジナルの訳を作ってはいけません。

　第２のタイプは、日本語と中国語は一致しないものの、近い概念の慣用句が日本語にある言葉です。この場合は日本語の慣用句をそのまま借用したほうが、よりスムーズに読み手に理解してもらえます。辞書を調べれば、語釈として日本語の慣用句が採用されている例を見ることができます。しかし、語釈にある日本語の慣用句をいつもそのまま使えるかというと、そうとも限りませんから気をつけましょう。
　例えば次のような慣用句です。
　　　"禍不単行"　：　泣きっ面に蜂／悪いことは重なるものだ
　　　"旁観者清"　：　岡目八目／第三者の方が冷静に判断できる
　どちらの訳も正しいのですが、どちらを選択するかは慎重に決めましょう。対応する日本語の慣用句の方がこなれた表現という印象はありますが、文章の前後から判断すると使いにくいこともあると思います。

　第３のタイプは、中国語と日本語が対応していない慣用句や成語などです。これらの言葉も辞書を調べれば見つけることができますが、その語釈は往々にしてその概念や意味を説明しているにすぎず、訳語としてはそのまま使いにくいものが少なくありません。このような場合は、意訳するのが一般的な方法です。時にはかなり思い切った意訳が必要になることもあります。

具体例を見ながら検討していきたいと思います。

課題

全球经济是否已经触底回升，得出来的结论恐怕是见仁见智。

NG訳 世界経済はすでに底を打って回復したのか、得られる結論は恐らく人によって見方が異なるだろう。

試　訳 世界経済が底を打ち回復に向かっているのかという問いに対して、恐らくさまざまな見解が示されるであろう。

解　説 例文中の"见仁见智"は比較的よく用いられる成語で、辞書には次のような語釈が紹介されています。

〔见仁见智〕同一の事柄に対しても各々人によって見方が異なる：〔仁者见仁，知者见智〕（易经・辞上）の略．
　　　　　　（愛知大学中日大辞典編纂処編『中日大辞典』大修館書店）

辞書の語釈ですから、この言葉の意味を正確にあますところなく示していますけれども、一見して説明調で長いという感じがします。NG訳ではほとんど辞書の語釈をそのまま採用しています。意味はわかりますが、日本語表現としてぎこちない感じは否めません。

語釈をよく理解し、消化したうえで訳したのが試訳です。スムーズで読みやすいと思います。

練習問題 （解答 ☞ p. 29）

其实，华尔街的有识之士对次贷危机早有预见。一位投资银行家坦言对次级抵押贷款衍生产品和投机资本将带来怎样的不稳定心知肚明。

ポイント ❸　一部の4文字構造の言葉

　4文字構造の中国語は、独特のレトリック効果（簡潔さ、バランス、安定感）を出す上で欠かせない重要な表現方法です。しかし、成語や慣用句などであれば、辞書の中に訳の答えやヒントを見つけられますが、「4文字構造の中国語」はそのまま辞書に載っているわけではありませんから、苦手意識を持っている人も多いと思います。確かに難しい点もありますが、攻略法のある言葉もあります。

　それは「動詞＋目的語」という構造（"动宾结构"）の言葉です。この構造では、主たる意味が一部（先か後の2文字）にあり、その他の部分はいわば付け足しの部分ですので、ごく簡単に処理するか、訳さなくてもよいのです。文字として目の前にあるのに訳さないというのは少し勇気のいることですが、もし「動詞＋目的語」構造の言葉を逐一訳すと、非常にうるさい日本語になってしまいます。

課題

　　近年来，外国人的犯罪日益凸显，诈骗钱财、奸淫妇女、杀伤百姓，作恶手段可谓变本加厉。

NG訳　近年、外国人の犯罪は日に日に目だってきており、金銭を騙し取ったり、女性をレイプしたり、人々を殺傷したり、その悪事の方法はどんどんひどくなっているといえよう。

試訳　近年、外国人の犯罪は急速に増えており、詐欺・レイプ・殺人や傷害と、その手口は悪質化しているというべきである。

解説　例文は短いセンテンスですが、4文字構造の言葉のオンパレードです。少しプレッシャーを感じるかもしれませんが、それほど難しくはありません。文中の"动宾结构"の言葉に注目してください。

まず"诈骗"（騙し取る）の対象は"钱财"（金銭）であり、"奸淫"（レイプする）対象は"妇女"（女性）で、さらに"杀伤"（殺人と傷害）の対象は"百姓"（一般の人々）です。このように動作の対象となる目的語はわかりきったものばかりですから、必ずしもすべてを訳す必要はありません。NG訳は一見全ての文字の意味を訳出した丁寧な訳に見えますが、日本語のレトリックとしては幼稚な感じがします。

試訳は、訳文の文字数を見ますと、NG訳よりかなり少ないのですが、必要な要素は過不足なく訳されています。表現も例文の内容にふさわしい緊張感のあるものとなっています。

> ⚠ 学習ポイント以外の注意点
>
> ・"日益凸显"を「日に日に目だってきており」と訳すのは、あまりにも口語的な表現ですので、実務翻訳では避けたいものです。
> ・"作恶手段"を「悪事の方法」と訳すのは間違いとはいえませんが、古めかしい表現という印象です。
> ・"变本加厉"を「どんどんひどくなっている」と訳すのはあまりにも口語的な表現ですので、実務翻訳では避けたいものです。
> ・実務翻訳は「わかりやすい書き言葉」で書くことが求められます。「どんどん」を「ますます」、「だんだん」を「徐々に」と置き換えることは、それほど難しいことではありません。ふだんから話し言葉と書き言葉を意識してください。

演習問題（解答 ☞ p. 148）

訳しにくい中国語ですが、原文をよく読み、柔軟に考えて訳してみましょう。

①我提出这些见解旨在抛砖引玉，希望各位有识之士能就此深入讨论，

探索出一条更佳的解决办法。

②市场营销人员不仅要具备丰富的产品知识，还要懂得察颜观色，及时掌握客户的求购信息。

③前不久，本市出现多起在网上婚介上骗取信任，诈骗钱财的案件。对此，警方多次呼吁网民要加强警惕。

④近日苏宁市旅游发展局正在全国各地大做推广活动，目的是让更多的游客扶老携幼来苏宁市旅游。

練習問題解答

p. 24

　今、中国には「月光族」と呼ばれる若者がいる。毎月の給料（中国語で"月薪"）をすべて使い果たす（中国語で"花光"）人々という意味だ。「月光族」は消費することにためらいがなく、ネックレスを買い、また娯楽に興じるのに月給をすべて注ぎこむことさえある。生活の苦労や、お金を稼ぐ大変さを知らない若者たちだ。

p. 26

　実際のところ、ウォール街の有識者はサブプライムローンの危機を早くから予想していた。あるインベストメントバンカーは、サブプライムローンデリバティブ商品と投機マネーがどのような不安定な状況をもたらすか当然わかっていたはずだと率直に述べた。

第2部 中→日編 ● **Lesson 3**

省略する例

　中国語に限りませんが、翻訳する場合は、往々にして「どう訳すか」ということばかり考えがちです。ここに翻訳の大きな落とし穴があります。「どう訳すか」と考えたあげく、すべての原文、すべての文字を日本語に翻訳し終えたとしましょう。そのようにして仕上げた訳文には必ず「無理な部分」「こじつけ」「生硬な表現」が多く見られます。このようなミスを避けるには、「省略する」「訳さない」という選択肢を忘れないことが大切です。

**学習の
ポイント**
1 主語を適度に省略する
2 一部の副詞を省略する
3 複数形を適度に省略する
4 重複部分を省略する

ポイント 1　主語を適度に省略する

　日本語では、話し言葉でも書き言葉でも主語の省略がよく見られます。中国語は日本語に比べて主語の省略が比較的少ないのが特徴の1つです。

　これら日中両語の特徴についてよく承知しているにも関わらず、原文の中国語に"我"とあれば、その都度「私」と訳してしまう人がいます。そこに文字としてあるのに、訳さないと不安だからでしょうか。

　では、次の例を見てください。

課題

　您对我的报告有什么看法？我非常希望能听到您的宝贵意见。

[NG訳]　あなたは私のレポートに対してどのような考えですか。私はあなたの貴重な意見を大変聞きたいと思います。

[試訳]　私のレポートについてどのようにお考えですか。是非貴重なご意見をお聞かせください。

[解説]　NG訳は、原文の1文字1文字を実に忠実に訳しています。意味はわかりますが、ここでは、「あなたは」「私は」と訳す必然性はあまりないでしょう。忠実に全てを訳したために、却ってくどい訳になっています。

　試訳では主語を全く訳していませんが、課題文の意味を過不足なく訳出できていると思います。

　日本語の要は述部ですから、述部を適切に訳してあれば、その文中にどのような人物が存在し、どちらが主でどちらが副か、また登場人物がどのような関係にあるのかなどを明確に表すことができるのです。

> ⚠️ 学習ポイント以外の注意点
>
> ・課題では"您"や"宝貴"など敬称や丁重な表現を用いていますので、敬語表現を使って全体を訳す必要があります。特に動詞の敬語表現に配慮が必要です。

練習問題　（解答 ☞ p. 37）

　　在今天召开的引进外资会议上，市长赵力宏亲自主持了会议。他指出今年全市直接利用外资工作进展顺利。

ポイント ❷　一部の副詞を省略する

第2部 中→日編 ● Lesson 3

　中国語の一部の副詞は、翻訳する際に省略しなければならない、あるいは省略した方が良い場合があります。"很""都""均""共同""已经""将"などがその対象となります。

課題①
　他的房子很大。

NG訳　彼の家はとても大きい。

試　訳　彼の家は大きい。

解　説　"很"は頻繁に用いられる副詞の1つであり、どう訳すかなどと意識することもないと思いますが、ここに落とし穴があります。現代中国語は「2音節化」の傾向が強いため、特に形容詞が単音節の場合は"很"をつけて2音節にすることが多いのです。このような場合、"很"は2音節の語にするために用いられているにすぎず、本来の「とても」という意味が稀薄になりますから、"很"の訳は省略することができます。

練習問題　（解答 ☞ p. 37）
　这就是很好的例子。

課題②
　我们都愿意奉献出自己的微薄之力去帮助震灾孤儿。

NG訳　私たちは皆自分の微力を尽くして震災孤児を助けたいと願っている。

[試 訳] 私たちは震災孤児の支援に微力を尽くしたいと願っている。

[解 説] 課題文の主語は"我们"ですから、"都"がないと文法的なミスが生じます。NG訳では「私たちは皆」と訳していますが、日本語表現では、特に強調する場合を除き「私たちは」と訳せばよいのです。

> ⚠ 学習ポイント以外の注意点
>
> ・NG訳は「皆」以外の部分は、素直に中国語の語順に沿って訳しており、特に問題はなさそうに見えますが、「微力を尽くして〜したいと願います」という日本語表現は、しっくりきません。試訳では語順を変えてあります。このような処理は訳文の自然な表現を保つために必要です。ただし、原文の意味を損ねないように注意しましょう。

(練習問題) (解答 ☞ p. 37)
　世界各国都面临着人口老龄化的问题。

> (注意！)
> 　文中で特に強調しているのであれば省略しないこともあります。
> 例　这里的书籍都是给你买的。
> （ここにある書籍はすべて君に買ってあげたものだ。）
>
> 　政治・外交関連の文書は、極めて厳密な訳を要求されますので、文中の"都"の訳は省略せず、「すべて、いずれも、ともに」などと訳すのが一般的です。

ポイント ❸ 複数形を適度に省略する

　日本語は複数形の表現にそれほどこだわりません。中国語の複数形をそのまま全て訳すと、日本語としてはぎこちない不自然な表現になりますので、注意が必要です。

課題
　　西方银行家们纷纷就金融危机是否结束发表各自的看法。

NG訳　欧米の銀行家たちは金融危機が終結するかどうかについて次々と各自の意見を述べた。

試訳　欧米の銀行家は金融危機の終結について、次々にそれぞれの意見を述べた。

解説　NG訳は"银行家们"をそのまま「銀行家たち」と訳しました。試訳はただ「銀行家」と訳していますが、試訳を見て「銀行家たちと書いていないから、銀行家は1人である」と理解する人はいないでしょう。訳文中の「次々に」「それぞれの」などの言葉が複数の銀行家の存在を表しています。全ての複数形を複数として訳さないわけではありませんが、"～们"を、機械的に「～たち」と訳すのはやめましょう。

練習問題　（解答 ☞ p. 37）
　　8月12日下午3点，出席论坛的非洲国家的代表们抵达北京国际机场。

ポイント ❹ 重複部分を省略する

　重複表現は中国語にはよく見られるレトリックの手法であり、意味を強調したり、文章の構造を整えたりするために用いられます。これをそのまま訳すと日本語としてはくどい感じがしますので、適切な整理や省略を加える必要があります。

課題
　聋哑姑娘姜馨田成为北京奥运圣火使者，既可说是因她的美貌而获得，又可说并非因她的美貌而获得。

NG訳　ろう者の若い女性である姜馨田が北京五輪の聖火ランナーになったのは、美貌によってなったとも、美貌によってなったわけではないとも言える。

試　訳　ろう者である姜馨田（きょうけいでん）が北京五輪の聖火ランナーになったのは、その美貌ゆえであるとも、その美貌とは無関係であるとも言える。

解　説　課題文の"因～而～"という表現の重複は、中国語によく見られるレトリックです。しかし NG 訳のように重複表現をそのまま訳すと、くどい感じがするのは否めません。また、いかにも原文に引きずられた生硬な表現という印象もあります。

> ❗ **学習ポイント以外の注意点**
>
> ・"聋哑"の訳語には、「ろう者」「ろうあ者」「聴覚障害者」などの訳語があり、どれを用いても良いと思いますが、書き手の立場などによって訳語が決まることもありますので、慎重に選択して

> ください。
> ・"姑娘"を「若い女性」と訳すのは間違いとはいえませんが、修飾語が長くなりすぎますし、幼稚な表現という印象も与えます。その後の「美貌」という言葉で、"姑娘"を表わせていると思います。
> ・単純なミスですが、"并非"と"并不"を間違える人は多いようです。気をつけましょう。
> ・「姜 馨田(きょうけいでん)」はむずかしい音読みですので、ルビをふりました。

練習問題（解答 ☞ p. 37）

那两人的关系很微妙，看似朋友，又似非朋友。

演習問題（解答 ☞ p. 149）

①今年高考将于6月7日拉开帷幕。据悉，今年江苏省高校招生报名人数约30万人，计划招生数3万人，均创历史新纪录。

②全球气候变暖问题是国际社会面临的共同挑战，需要各国共同应对。中国政府高度重视气候变化问题，愿意同世界各国一道应对气候变化及气候变暖问题。

③目前在中国，大江南北的孩子们几乎都非常迷恋日本的动漫艺术。他们对《奥特曼》，《名侦探柯南》的迷恋程度甚至超过了上世纪80年代孩子们对《铁臂阿童木》的迷恋。

④对她来说，记忆中的乡下那段生活总是那么美，美得令人难以忘却，美得令人留恋，美得令人回味。那段生活在她的记忆中永远是灿烂的。

練習問題解答

p. 31

　本日の外資導入会議では、趙力宏市長自ら会議を進行し、今年、市全体の外資直接投資の受け入れは順調であると指摘した。

p. 32

　これこそがよい例である。

p. 33

　世界各国は高齢化問題に直面している。

p. 34

　8月12日午後3時、フォーラムに出席するアフリカ諸国の代表が北京国際空港に到着した。

p. 36

　あの2人の関係は微妙で、友人のようにも、そうでないようにも見える。

第2部 中→日編 ● Lesson 4

文章記号と表記ルールを正しく理解し訳す

　文章記号のことはだいたいわかっているつもりでも、その重要性を理解している人は少ないようです。中国語の文章記号は厳密な用法が決められており、理解があいまいですと誤訳しかねないこともありますから、しっかり学びましょう。

学習のポイント
1 中国語の文章記号の理解と処理
2 数字・固有名詞・ルビ・常用漢字

ポイント 1　中国語の文章記号の理解と処理

　中国語と日本語の文章記号"标点符号"には似ている点もありますが、大きく異なるところもありますので注意が必要です。また一部の文章記号は、翻訳するうえで無視できない大切な意味を示しています。それぞれどのような意味なのかを正しく理解し、どのように処理すればよいか学んでいきましょう。

　中日翻訳の際、特に間違えやすい記号や処理の方法にとまどうと思われる記号を以下にまとめました。

中国語の文章記号	意味／用法	例	対応する日本語の文章記号
、 顿号	日本語の「、」と同じ形ですが、示す意味は異なります。並列関係を示し、複数の事柄を列挙する際に用います。中国語を読む際や翻訳する時にうっかり間違わないよう気をつけましょう。	例日本自民党和民主的竞选纲领中涉及了日本的外交、安全政策。 訳自民党と民主党のマニフェストは日本の外交・安全	・ なかてん 、 読点

38

， 逗号	基本的には日本語の読点と同じ用法です。しかし、翻訳の際、中国語の"逗号"を全て日本語の読点に置き換えるというわけではありません。	保障政策について触れている。	、 読点
" " 双引号	引用や強調、独特な表現、特定の表現をする際に用います。	例"哈日族"意指热衷崇拜日本流行文化的青少年族群。 訳「哈日族」（ハーリーズー）とは日本のポップカルチャーにあこがれ夢中になっている若者たちのことである。	「 」 かぎかっこ
《 》 书名号	書籍名や雑誌・新聞の名称、文章のテーマなどを示します。二重かぎかっことほぼ同じ用法ですが、新聞の名称や文章のテーマなどは全て二重かぎかっこで対応するわけではありません。	例《哈利波特》 訳『ハリー・ポッター』	『 』 二重かぎかっこ ＊ただし、全てに対応するわけではない。
？ 疑问号	日本語でも疑問符は用いられますが、一般的に実務翻訳では用いません。	例历史的车轮难道会倒退吗？ 答案是：不会！ 訳まさか歴史が後戻りできるとでもいうのか。答えはもちろんノーだ。	。 句点
！ 感叹号	日本語でも感嘆符は用いられますが、一般的に実務翻訳では用いません。	例我们是祖国的儿女。我们衷心祝愿我们的祖国永远富强！ 訳我々は祖国の子どもである。我々の祖国の永遠なる繁栄と発展を心よ	。 句点

…… 省略号	日本語の省略記号よりも長いのですが、用法は同じです。そのまま省略記号を生かすのが一般的ですが、文章表現で省略を表すこともあります。	り祈る。	… 三点リーダー ＊ただし、全てに対応するわけではない。
—— 破折号	日本語のダッシュよりも長いのですが、用法は同じです。一般的にはそのままですが、句点や読点、その他で対応することもあります。	例当我回到阔别20年的老家——温州时，百感交集，不禁流出了热泪。 訳20年前に離れた故郷——温州に帰り着いた時、さまざまな思いが胸にせまり、思わず涙がこぼれた。	—— ダッシュ
； 分号	文中の並列する節と節の間隔を取るために用います。一般的に実務翻訳では使いません。句点で対応するケースが多いのですが、原文中のセミコロンの前後の文が短い場合は、読点で対応することも可能です。	例真正的男子汉具备思辨能力和决策能力；拥有责任心；乐于帮助他人。 訳本物の男とは、思考力と決断力を有し、責任感があり、進んで人助けをするものだ。	。 句点 、 読点
： 冒号	この記号の後に続く文を示したり、この記号の前の文をまとめたりする役割を果たします。日本語には対応するものがないので、ケースバイケースで柔軟に対応する必要があります。	例现将应提交的材料告知如下：护照、毕业证书、2张照片。 訳提出すべき資料は、パスポート・卒業証書・写真2枚である。	。 句点 、 読点 その他

ポイント ❷ 数字・固有名詞・ルビ・常用漢字

❶ 数字（半角処理／算用数字／漢数字／位取り）

数字には算用数字と漢数字があります。実務翻訳はほとんど横書きですので、数字の表記は基本的に算用数字を用います。

算用数字は、通常半角表示です。

ただし、「一括」「四半期」など用語として確立している言葉、「一字一句」「四捨五入」などの熟語、「十三陵」「九寨溝」などの地名を含む固有名詞は漢数字のままです。

数量を示す場合の数字は、必ず位取りの「,」が必要です。中国語は必ずしも位取りがされていないことがありますので、注意してください。

注意！

時期を限定する表現のうち、以下の中国語はつい原文の表現にひきずられて訳しがちです。

"20世纪50年代" ： × 20世紀50年代
　　　　　　　　　　○ 1950年代
"上个世纪40年代" ： × 前世紀40年代
　　　　　　　　　　○ 1940年代

---

❷ 固有名詞（地名・人名）の表記

中国語の固有名詞は、原文どおりに、日本の漢字に直して書くのが原則です。

　例　辽宁省　→　遼寧省
　　　毛泽东　→　毛沢東

ただし、国際的に活躍している芸能人やアスリートは国際的に通用している名前で表記するのが一般的です。

　例　姚明　　→　ヤオ・ミン

章子怡　→　チャン・ツィイー

　少数民族の民族の名称や人名・地名は、一部を除きカタカナで表わされます。

例　漢字表記
朝鮮族　→　朝鮮族　　　満族　→　満州族
回族　→　回族

カタカナ表記
维吾尔族　→ウイグル族　　　　壮族　→　チワン族
鄂伦春族　→オロチョン族　　　藏族　→　チベット族

> **注意！**
>
> いくつかの地名はカナ混じりやカタカナ表記となります。
> 　内蒙古自治区　　　→　内モンゴル自治区
> 　呼和浩特　　　　　→　フフホト
> 　哈尔滨　　　　　　→　ハルビン
> 　澳门特別行政区　　→　マカオ特別行政区
> 　新疆维吾尔自治区　→　新疆ウイグル自治区
> 　乌鲁木齐　　　　　→　ウルムチ
> 　西藏自治区　　　　→　チベット自治区
> 　拉萨　　　　　　　→　ラサ
>
> 簡体字表記では別字になっている地名は次のとおりです。
> 　石家庄　→　石家荘
> 　沈阳　　→　瀋陽

　中国、韓国など一部を除く外国の国名は通常カタカナで表記しますが、必要に応じて一部漢字で表記することもあります。正式な国名の表記については、外務省のサイトで確認することをお勧めします。

例	美国	→	アメリカ／米国／米
	英国	→	イギリス／英国／英
	法国	→	フランス／仏国／仏
	徳国	→	ドイツ／独国／独

　中国と韓国など一部を除く外国の人名・地名などはカタカナで表記します。各国政府首脳の名前の表記は外務省のサイトで、各業界の有名人の名前の表記はそれぞれの公式サイトなどで確認してください。

例	奥巴马	→	オバマ
	布朗	→	ブラウン
	梅德韦杰夫	→	メドベージェフ
	格林斯潘	→	グリーンスパン

　シンガポールやインドネシアなどの華人の名前は、中国語では完全な中国名ですが、日本語では、必ずカタカナで表記する必要があります。またイングリッシュネームを持つ香港出身者は、イングリッシュネームをカタカナで表記するのが一般的です。

| 例 | 李显龙 | → | リー・シェンロン |
| | 陈冯富珍 | → | マーガレット・チャン |

　韓国や北朝鮮の固有名詞は、漢字表記と現地の発音のカタカナ表記を並列する場合と、漢字表記にルビで現地の発音を加える場合、またカタカナ表記のみの場合があります。どの方法を採用するかは、クライアントに確認した方がよいでしょう。

　　例　李明博→李明博（イ・ミョンバク）／李明博̍（イミョンバク）／イ・ミョンバク

❸ルビ

　中国の固有名詞は日本語の漢字で表記するのが一般的であることは、すでに紹介したとおりですが、読み方が難しいと思われる一部の

地名や人名などについては、ルビをふりましょう。翻訳は読み手のためにするものですから、読み手が分かりにくいであろうと推測される場合は、適切なルビをふることが大切です。

演習問題 （解答 ☞ p. 151）

①中国在经济的快速发展过程中，遇到了各种社会矛盾。例如：环境、水资源、能源、差距等问题也已相当严重，如何解决上述重要课题与中国的长期命运息息相关。

②《蟹工船》一书在日本再度畅销。目前累计销售已突破百万大关，书业人士异口同声地说："已故作者小林多喜二恐怕做梦也没有想到！"

③本书旨在解读中国文学作品的基本技巧和方法；了解中国近现代发展的进程；把握作者的审美意识，从而使读者全面掌握文学作品读解的方法。

④去年，江西省国民生产总值同比增长13%，为4980亿元，是自1998年以来的最高增幅；直接利用国省外资金39.17亿美元，第一次进入全国的前十位，名列第八；全年财政收入增长24.1%，同比增长5.7%。

⑤世界银行2008年度的报告，呈示欧盟目前27个成员国的总人口超过5亿人，北美自由贸易区有4.20亿人，而东亚经济圈（包括中国大陆，台湾，香港，澳门地区及日本，韩国和东盟10国）则达20亿人。

⑥陈凯歌执导的电影《梅兰芳》首映式在京召开。主演黎明、章子怡以及饰演梅兰芳年轻时代的余少群也出席了首映式。

コラム 1 文字数

　実務翻訳において、文字数というのは案外重要な要素です。

　およその目安ですが、日本語から中国語に翻訳する場合、日本語の原文の文字数を1としますと中国語の訳文の文字数は0.7～0.9倍になります。逆に中国語を日本語に訳す場合は、中国語の文字数1に対し、日本語訳文の文字数は約1.15～1.2倍になります。

　翻訳を終えましたら、原文の文字数と訳文の文字数をそれぞれカウントしてみましょう。前述の数字の範囲内であれば良いのですが、極端に違う場合は、次のようなケースが考えられます。

①文字数が極端に少ない場合…訳漏れが考えられます。分量の多い翻訳ですと、1段落をすっかり落としていたなどということもあり得ます。

②文字数が極端に多い場合…冗長な表現が多い、修飾語が過剰であるなどの問題が考えられます。もちろん、翻訳の必要から、補足説明などを加えた結果、訳文の文字数が増えた場合などは、その旨クライアントか翻訳コーディネーターに伝える必要があります。

　文字数についてそれほど神経質になる必要はありませんが、最終的な確認作業の1つとして文字数のカウントをすることをお勧めします。

第2部 中→日編 ● Lesson 5

適訳を採用する

　翻訳をする際、しばしば最後まで結論を出せずに苦しむのが「適訳」が思いつかない、「適訳」かどうか判断がつきかねるという点です。原文の格調に合っているか、その分野に適した訳語を用いているか、文脈に沿った訳語であるかなど、さまざまな角度から検討する必要があります。ここでは主として単語レベルでの適訳について学びます。

学習のポイント
1 分野に適した訳語・定訳・用語を選択する
2 外来語に訳す
3 認知度の高い言葉、通りのよい表現

ポイント ❶ 分野に適した訳語・定訳・用語を選択する

　分野に適した訳語と言いますと、まず専門用語が考えられますが、ここでは、専門用語以外のいわゆる定訳や各分野に適した用語の選択について学びます。分野に適した訳語かどうかを、どの言葉に対して検討すべきかは、背景知識がないと判断がつきません。「リサーチ」（☞ p. 7）でも触れていますが、翻訳をする前に背景知識を仕入れておくことは非常に大切です。

課題①

　　今年上半年，我国农产品进出口总额为421.1亿美元，同比下降12.5%。其中，出口196.3亿美元，同比下降6.6%；进口280.1亿美元，同比下降13.4%。

[NG訳]　今年上半期、我が国の農産品輸出入総額は421.1億米ドルであり、昨年同期比12.5％減となった。その内、輸出は196.3億米ドルで、昨年同期比6.6％減、輸入は280.1億米ドルで、昨年同期比13.4％減である。

[試　訳]　今年1～6月期、中国の農産品輸出入総額は421.1億ドル、前年同期比12.5％減となった。内訳は、輸出196.3億ドル、前年同期比6.6％減、輸入280.1億ドル、前年同期比13.4％減である。

[解　説]　NG訳でも意味は通じるでしょう。頑張って訳した例だといえます。しかし"同比"が正しく訳せていないため評価されません。"同比"は「前年比」、あるいは「前年同期比」と訳さなければなりません。経済関連の新聞や雑誌の記事などを読んでいればこのようなミスは生じなかったでしょう。

> ⚠ 学習ポイント以外の注意点

・課題文は数字を正しくわかりやすく伝えることがポイントとなります。したがいまして、数字を際立たせるように訳す工夫が必要です。NG訳は数字の後ろに「～で」「～であり」などと続けていますが、試訳ではそれらを全て削除してあります。このような簡単な工夫だけで、数字が読み取りやすい文になります。
・"美元"は「米ドル」と訳してもかまいませんが、この課題文では"美元"以外の通貨単位が出てきませんので、試訳では単に「ドル」としています。
・"其中"は「その内」と訳すこともありますが、ここでは前の文にある数字について詳細を示していますから「内訳は」と訳す方が適切かと思われます。
・試訳では、"同比"を全て「前年同期比」と訳してありますので、少しうるさく感じる場合もあるかもしれません。原則としては省略しない方がよいと思いますが、場合によっては最初の"同

比"のみ「前年同期比」と訳し、後の「前年同期比」を省略することも可能でしょう。

練習問題　（解答 ☞ p. 54）

　　海关总署今天公布的最新数据显示，8月份我国原油进口量为1740万吨，同比大增38%。

課題②

　　黑人奥巴马成功当选了美国第56届总统，这让不少美国人感到美国的变革时代已到，更让不少分析家大胆预言美国种族融合时代的到来。

NG訳　黒人のオバマ氏が成功裏に米国第56代大統領に当選した。このことは、多くの米国人に変革の時代が訪れたと感じさせ、さらに多くのアナリストに米国の人種調和時代の到来を大胆に予言させた。

試訳　黒人のオバマ氏は見事米国第56代大統領に当選した。オバマ氏の当選により、多くの米国人は変革の時代が来たと感じ、より多くのアナリストが人種融合の時代の到来という思い切った予想を述べた。

解説　ここのポイントは"种族融合"の訳語選択です。訳としては、NG訳の「人種調和」の他に、「種族融合」、「民族の融和」などいずれも間違いとは言い切れませんし、どれでも使えそうな感じがします。しかし、米国における人種問題関連の訳語としては「人種融合」が定訳です。実務翻訳としては、定訳を用いるべきです。

> ⚠ 学習ポイント以外の注意点
>
> ・課題は"让"の受動文ですが、NG 訳では「～に～させる」という、辞書の語釈にありがちな訳のままです。間違ってはいませんけれども、やはり生硬な表現という感じは免れ得ないと思います。

課題③

中日关系的发展不仅关系到中日两国的发展，更是影响东亚乃至世界发展的重要课题。因此发展中日关系必须坚持"以史为鉴，面向未来"的原则，需要中日两国政府与人民共同努力。

NG訳 中日関係の発展は、中日両国の発展に関係するだけではなく、東アジア、ひいては世界の発展に影響する重要な課題である。したがって中日関係の発展は「歴史を教訓とし、目を未来に向ける」という原則を堅持し、中日両国政府と国民が努力しなければならない。

試訳 中日関係の発展は、中日両国の発展に関わるのみならず、東アジア、ひいては世界の発展に影響を及ぼす重要な課題である。したがって中日関係の発展は「歴史を鑑とし、未来志向で」という原則を堅持し、中日両国政府と国民がともに努力しなければならない。

解説 "以史为鉴，面向未来"は、高度に政治的な意味合いで用いられることが多い言葉です。NG 訳は「歴史を教訓とし、目を未来に向ける」とあり、わかりやすく正しい訳であると思います。私個人としては評価したいのですが、残念ながらこの言葉はすでに定訳があり、試訳のように「歴史を鑑とし、未来志向で」と訳す必要があります。

> ! 学習ポイント以外の注意点
>
> ・課題文は硬い文章ですから、訳文も硬い表現を用いましょう。"不仅关系到"をNG訳のように「関係するだけではなく」と訳しても間違いとは言えませんが、この課題文の翻訳としては適切な表現とはいえません。
> ・この文章は政治的な内容です。したがいまして「Lesson3 省略する例」の中で指摘しましたように、重複表現や副詞の省略はしないほうがベターであると言えます。"中日关系的发展不仅关系到中日两国的发展"の"中日"、"中日两国政府与人民共同努力"の副詞"共同"を試訳では省略せず訳しています。

練習問題 （解答 ☞ p. 54）

中方应该坚持"共同但有区别的责任"原则，并采取有效举措积极应对气候变化。

ポイント ❷ 外来語に訳す

中国語は当然のことながら、全て漢字で表記されていますので、訳語を選択する際、「漢語」的な言葉を選択する傾向が強いようです。しかしご存じのとおり、日本では非常に多くの外来語が使われており、毎年増え続けています。今や私たちの日常生活は外来語なしには成り立たないといっても過言ではないでしょう。したがいまして、翻訳する際にも当然のことながら、適切に外来語を用いることが大切です。

日本語に外来語が多いのは、カタカナという表音文字があるからということも大きな要素ですが、それだけではありません。日本語に対応する概念がないために言い換えが難しいので、そのまま外来語として用いている言葉も少なくないのです。

では、どのような場合に外来語を用いるのか、具体例を見ながら検討いたしましょう。

課題
> 　　数据显示，去年谷歌的网站访问量超过其它中文搜索引擎，跃居首位。谷歌自从首页改版、视频搜索上线后，每日访问量剧增。

NG訳　データによれば、去年グーグルのサイトアクセス数はその他の中国語検索エンジンを超え、首位に立った。グーグルがトップページを更新し、動画検索を始めてから、毎日のアクセス数は激増した。

試訳　データによると、昨年、グーグルのサイトアクセス数はその他の中国語検索エンジンを抜き、首位に躍り出た。トップページのリニューアル、動画検索のリリース以降、グーグルへのアクセスは急増したのである。

解説　課題は、「グーグル」というポータルサイトに関する文章です。IT関連産業では特に外来語が多く使われています。NG訳もその点を意識して外来語を用いて訳しており、一応意味は通じると思います。"改版"は「更新」という概念も含まれていますが、「リニューアル」と訳す方がよいでしょう。"上线"は「リリース」と訳すのが一般的です。この課題文のような専門性の高い内容の翻訳では、単に訳語を調べるだけでなく、関連する知識のリサーチが大切になります。

　⚠ 学習ポイント以外の注意点

・"跃居"は「一躍～となる」という意味ですが、NG訳にはそ

の意味が反映されていません。また"跃居首位"を「一躍トップになった」「トップに躍り出た」と訳すことも可能です。しかしここではすぐ後ろの文に"首页"「トップページ」という語がありますので、重複を避けるために「首位」としました。
・"首页改版，视频搜索上线"の部分を「トップページをリニューアルし、動画検索をリリースし～」と訳してもかまいません。ここではよりコンパクトに訳しています。

練習問題（解答 ☞ p. 54）

社会保障制度是社会的"安全网"，是建设社会主义和谐社会的重要因素。

ミニクイズ（解答 ☞ p. 55）

以下の中国語は、外来語に訳した方が適切な場合がある言葉、あるいは外来語に訳さないと「誤訳」と見なされる場合もある言葉です。必ずしも辞書に訳語があるとは限りませんが、各自リサーチ（☞ p. 7）してみてください。

①艺术家　②歌手　③厨师长　④比赛　⑤潜力
⑥志愿者　⑦解决方案　⑧共识　⑨联盟　⑩竞选纲领

ポイント 3　認知度の高い言葉、通りのよい表現

実務翻訳は読み手にわかりやすく書かなければなりませんから、わかりやすい言葉や通りのよい表現を用いる必要があります。例えば、"铃声"は「着信メロディー」と「着メロ」、どちらでも正しい訳ですが、通りのよいのは「着メロ」でしょう。"通货膨胀／通胀"は一般

的には「インフレーション」よりも「インフレ」の方が通りのよい言葉といえると思います。

課題
全国人大和政协的代表们皆已陆续到京。

NG訳 全人代と政協の代表が次々と北京に到着した。

試訳 全国人民代表大会と中国人民政治協商会議の代表が次々と北京に到着した。

解説 "全国人大"は日本語で「全人代」と訳せますが、"政协"を略称のまま「政協」と訳すと全く通じません。全人代は中国の国会という位置づけであることが広く認知されているのに対し、"政协"は一般の日本人にはあまり知られていないのです。したがって、"政协"は正式名称を書く必要があります。試訳で「全人代」とせず正式名称を書きましたのは、全体のバランスに配慮したからです。

練習問題（解答 ☞ p. 54）
家庭成员间实施身体或精神上的侵害行为被称为家庭暴力。

演習問題（解答 ☞ p. 152）
①外交部发言人马朝旭表示，美国国务卿克林顿的访华增进了双方相互了解，访问取得了积极的成果。克林顿国务卿在访华期间同中国国家主席胡锦涛，国务院总理温家宝等人进行了会谈。

②她的首张专辑是由中国的独立音乐厂牌摩登天空发行的。据悉，去年

她的第二张专辑已经由中国的主流唱片公司CIM的旗下厂牌发行了。

③博柏丽的双排扣风衣和格纹早已是无人不晓的经典了。09秋冬米兰时装展中，博柏丽以一袭浪漫英伦风格的卡其色绒面革风衣开场，即使是经典款之作却依然让人感觉迷人。

④中国古代四大发明——火药、造纸、印刷术、指南针是中华民族对世界文明的巨大贡献。2008年北京奥运会开幕式上，这四大发明成了开幕式演出中介绍中国的一大主题。

練習問題解答

p. 48

　税関総署が本日発表した最新データによると、8月、中国の原油輸入量は1,740万トン、前年同期比38％増の大幅な伸びとなった。

p. 50

　中国は「共通だが差異のある責任」の原則を堅持し、有効な措置を講じて気候変動に対応すべきである。

　＊"共同但有区别的责任"は定訳があります。できなかった人はリサーチのページ（p. 7）を参照してください。

p. 52

　社会保障制度は、社会の「セーフティーネット」であり、社会主義の調和のとれた社会を建設するための重要な要素である。

p. 53

　家族間での身体的、精神的な人権侵害行為を家庭内暴力と言う。

　＊"家庭暴力"は「ドメスティックバイオレンス／DV」と訳されること

もありますが、ここでは"家属成員間"とあるので、「家庭内暴力」と訳すべきでしょう。

ミニクイズの答え

p. 52
①アーティスト　②シンガー　③シェフ　④コンテスト／コンクール　⑤ポテンシャル　⑥ボランティア　⑦ソリューション　⑧コンセンサス　⑨アライアンス／リーグ／ユニオン　⑩マニフェスト

コラム 2 訳し戻しトレーニング

　ここまで学んできて、翻訳という作業は、単に言葉の置き換えをするだけではだめだという点はわかっていただけたと思います。日本語と中国語の発想の違いを充分に理解することなしに、翻訳はできないのです。しかし「発想の違いを理解する」とひと言に言いましても、実際にはなかなかむずかしいものです。さらに理解だけにとどまらず、実際の翻訳に生かすとなりますと難易度は一層高くなります。

　そこでお勧めしたいのが「訳し戻し」というトレーニングです。「訳し戻し」とは、例えば日本語の原文を翻訳した文（訳文）を、今度は日本語に訳すという作業のことです。ただし、「訳し戻し」は発想の違いなどを理解するのが目的ですから、極力語順に沿って直訳してください。この「訳し戻し」をすることで、中国語や日本語の言葉の組み立て方や話の展開が非常にクリアになり、より深い理解を得られるのです。

　本書では「課題文」や「練習問題」「演習問題」などについて全て試訳が示してあります。各単元の学習を一通り終えたら、試訳を見るだけではなく、訳し戻しをしてみてください。

第2部 中→日編 ● **Lesson 6**

補って訳す

　実務翻訳では、原文の意味を正確に、わかりやすく読み手に伝えることがもっとも大切です。日本語と中国語では、文法やフレーズ構造、レトリックの手法及び言葉の背景にある文化などが異なりますから、適宜必要な言葉や説明を補う必要があります。ここでは、どのような場合に、どの程度補うのかを学びます。

学習の ポイント
1 関連する言葉を補って訳す
2 説明・注釈を補う

ポイント 1　関連する言葉を補って訳す

　中国語を日本語に訳す際は、関連する言葉を補わないと、文章の展開が唐突に感じられたり、文の流れが途切れてしまって、理解しにくくなる場合があります。もちろん、原文に含まれていないニュアンスを付け加えたり、適当な解釈を加えたりしてはいけません。原文をよく読み、その意味を訳す過程において、訳文の日本語表現の完全性を保つ必要が生じた際に補うのです。

課題①
　发生这样大的事故，厂方完全没有预料到。

NG訳　工場側はこのような大事故の発生を全く予想していなかった。

試　訳　このような大事故が発生するとは、工場側は全く予想してい

なかった。

[解説] 課題文は「このような大きな事故が発生した」という事実と、「工場側は全く予想しなかった」という状況を述べています。1つのセンテンスの中にある事柄ですから、当然関連性があると考えなければなりません。ここでは「～とは」という言葉を補いませんと、完全なセンテンスにはなりません。

> ⚠ 学習ポイント以外の注意点
>
> ・課題文は「目的語に相当する部分」＝"发生这样大的事故"を先に書いてあります。これはこの部分を強調したいという意図があるからです。多少口語的な表現ではありますが、あるポイントを強調する際によく用いられる方法です。NG訳には、目的語を強調するという原文の意図が反映されておらず、平板な訳になっています。

(練習問題) (解答 ☞ p. 63)

不论在什么情况下，我国政府都要发挥指导职能，呼吁人民保持冷静，妥善应对。

(課題②)

国务院发展研究中心的研究报告说，养老、医疗和失业三项保险，在很多地区雇主的缴费达企业工资总额的28％左右。企业主当然不情愿按规定缴纳保障基金。

NG訳　国務院発展研究センターの研究レポートは、養老・医療・失業の3種類の保険について、多くの地域の雇い主が納める費用は賃金

総額の約28％に達しており、企業主は当然規定どおりの保障基金を納めたがらないのだと述べた。

[試　訳]　中国国務院発展研究センターの研究レポートは次のように指摘している。養老・医療・失業の３種類の保険に関し、多くの地域において雇い主が納める保険料は賃金総額の約28％に達している。したがって企業主が規定どおりの社会保障基金を納めたがらないのも無理はない。

[解　説]　上記課題の訳では、補うべきポイントが２つあります。

　１つ目は接続詞です。"在很多地区雇主的缴费达企业工资総額的28％左右。"と非常に厳しい状況が述べられた後、"企業主当然不情愿～"と続くわけですが、日本語では接続詞を補わないと、やや唐突な展開だという印象があります。このように原文に接続詞がなくても、原文の意味を忠実に訳すために、接続詞を補うこともあります。

　２つ目は読み手の理解を助けるための言葉です。課題文では中国の社会保険に関する事情を述べていますが、一般の日本人はほとんど中国の社会保障について知りませんから、適切な言葉を補う必要があります。"缴费"をNG訳では「納める費用」と訳していますが、恐らくこれは辞書の引き写しでしょう。もちろん正しい意味を表していますけれども、何の費用かわかりません。ここは具体的に「納める保険料」とすべきです。もう１つは"保障基金"です。NG訳ではそのままですが、背景知識のない日本人にとっては意味不明です。これは、社会保障制度の積立金としての「全国社会保障基金」のことを指していると思われます。補う説明があまり長すぎても訳文の読みやすさを損ないますので、ここでは「社会」を補うにとどめました。

> ❗ 学習ポイント以外の注意点
>
> ・"国务院发展研究中心"は、そのままでもかまいませんが、文中で最初に示された時のみ「中国～」とした方がより正確な訳になります。
> ・"～的研究报告说"の後に、その内容が示されますので、"～说"のところで区切って訳した方が読みやすい訳文になります。
> ・"企业主当然不情愿～"のセンテンスの訳ですが、"当然"を中国語の語順に沿って「企業主は当然のことながら～」と訳してもかまいません。しかし、よりこなれた訳を目指すのであれば「～のも当然である」「～も無理はない」などと訳すとよいでしょう。

課題③

> 辽宁社科院的吕明说："近年来，中国城乡收入差距在不断扩大，如果把住房、医疗、教育、社会福利等因素考虑进去，中国的城乡收入差距世界最高。"

NG訳 遼寧省社会科学院の呂明は次のように述べた。「近年中国の都市と農村の所得格差は絶えず拡大しており、もし住宅・医療・教育・社会福祉などの要素を考慮に入れると、中国の都市と農村の所得格差は世界最高である。」

試訳 遼寧省社会科学院の呂明氏は次のように述べた。「近年中国の都市部と農村部の所得格差は拡大し続けており、住宅・医療・教育・社会福祉などの要素を考慮すると、中国の都市部と農村部の所得格差は世界最大である。」

解説 肩書きがある場合の人名の処理は間違わないと思いますが、

第2部 中→日編 ● Lesson 6

課題文のように、"辽宁社科院"と所属のみ記されている場合は注意が必要です。NG訳はただ「呂明」と呼び捨てになってしまっています。日本語の訳文では、呼び捨てにするのは抵抗がありますので、適当な敬称を補ってください。

> ⚠️ **学習ポイント以外の注意点**
>
> ・"城乡"は一般的に「都市部と農村部」と訳します。中国語の"城"・"乡"がそれぞれ日本語の「都市」「農村」という概念と完全に一致するとは言いにくいからではないかと考えます。
> ・"在不断扩大"を「絶えず拡大している」と訳すのは間違いではありませんが、あまり評価できません。"不断"＝「絶えず」と定訳のようにしている人は少なくないようです。
> ・"如果"と見ると、「もし」と訳さずにはいられない人も多く見受けます。「もし」と訳す必然性があるかどうか考えましょう。
> ・"世界最高"は「世界でその程度が最も高い」という意味です。この場合は「所得格差」の程度について"最高"と言っているのですから、「最大」と訳さなければいけません。

ポイント ❷ 説明・注釈を補う

中国独自の概念や、一部の歴史や政治に密接に関わっている人名・事柄などの中には、日本人にとってわかりにくいものがあります。このような場合は、読み手の理解を助けるために、必要に応じてその歴史的背景や関連情報などを補う必要があります。

課題①

> 统计数据显示，工、农、中、建四大国有银行新增贷款4970亿，同比增长35%。

NG訳 統計データによると、工・農・中・建の四大国有銀行の新たに増えた融資は4970億、同期比35％増となった。

試訳 統計データによると、中国工商銀行・中国農業銀行・中国銀行・中国建設銀行の主要国有銀行4行の新規融資額は4,970億元、前年同期比35％増である。

解説 中国の事情に詳しい人であれば、"工、农、中、建四大国有银行"が何かはだいたいわかるでしょう。"工行"は"中国工商银行"、"农行"は"中国农业银行"、"中行"は"中国银行"、"建行"は"中国建设银行"のことです。しかしこれらの略称は一般の日本人の読み手にはわかりにくいので、正式名称を補う必要があります。

❗ 学習ポイント以外の注意点

・"新增贷款"は、「融資の新しく増えた分」という意味ですので、訳語としては「新規融資額」が一般的です。
・数字の位取りと、通貨単位は忘れないように気をつけましょう。
・"同比"には定訳があります。辞書で確認してください。

練習問題 （解答 ☞ p. 63）

央行行长周小川指出，在分析金融危机爆发的原因时，除了宏观方面的成因，大量事实表明，微观因素也起了相当重要的作用。

課題②

中国公民的法定节假日规定如下：新年，放假1天；春节，放假3天；清明节，放假1天；劳动节，放假1天；端午节，放假1天；中秋节，放假1天；国庆节，放假3天。

NG訳 中国公民の法定休日は以下のとおり規定されている。新年は休暇1日、清明節は休暇1日、春節は休暇3日、労働節は休暇1日、端午節は休暇1日、中秋節は休暇1日、国慶節は休暇3日である。

試訳 中国の法律で定められた国民の休日は次のとおりである。正月（西暦1月1日）1日、春節（旧正月）3日、清明節（墓参の習慣がある。西暦4月5日頃）1日、労働節（メーデー、西暦5月1日）1日、端午節（端午の節句、旧暦5月5日）1日、中秋節（旧暦8月15日）1日、国慶節（中華人民共和国建国記念日、西暦10月1日）3日である。

解説 "春节"、"国庆节"など、中国の祝祭日は中国語学習者にとって常識的な内容ですので、一般的にわかると思い込み、そのまま日本語で表記して終わらせる人が多いのですが、実際のところはあまり知られていません。特に中国の祝祭日は旧暦に基づくこともありますので、簡単に説明を補う必要があるでしょう。

> 🔸 **学習ポイント以外の注意点**
>
> ・7回も使われている"放假"を全て「休暇」と訳すのは、くどい感じがします。最初に「休日について」とテーマが示されていますから、"放假"は省略し、訳さないほうがよいでしょう。
> ・"法定假日"と日本の「法定休日」は意味が異なります。日本では労働基準法で制定が定められている休日のことを言います。

> したがいまして、ここは少し長くなりますが、説明調で訳すほう
> がよいと思います。

演習問題　（解答 ☞ p. 153）

①不论在什么条件下，我们都要先考虑人民群众的切身利益，只有解决好人民群众的衣食住行等问题，才能论及社会的发展。

②网购安全越来越为人们关注。根据目前的技术，淘宝有能力通过技术手段核实网店经营者的真实身份信息并且提供给消费者。

③为了感谢医护人员半年来的精心治疗及护理，患者家属将写有"医德高尚，华佗再世"的镜框送到医护人员手中。

④A集团于2005年在美国纳斯达克上市，其不仅上市当日即成为该年度全球最为耀眼的新星，而且其优异的业绩也使之成为中国企业的代表，屹立于全球。

練習問題解答

p. 57

どのような状況にあろうとも、わが国政府は指導的役割を発揮し、国民に対し、冷静に適切な対応をするよう呼びかけなければならない。

p. 61

中国の中央銀行である中国人民銀行の周小川総裁は、金融危機勃発の原因を分析し、マクロ面の要因以外に、ミクロの要素がかなり重要な作用を及ぼしていることは、多くの事実から明らかであると述べた。

第2部 中→日編 ● **Lesson 7**

日本語表現

　中国語を充分理解できるだけのレベルに達した日本語ネイティブでも、翻訳することに慣れていないと、日本語ネイティブとは思えない奇妙な日本語を書くことがあります。しかも第三者に指摘されるまで、書いた本人は気付かないということもしばしばあります。原文の理解は最も大切ですけれども、訳文の日本語の表現も同じくらい大事です。

学習の
ポイント
1　原文にひきずられない――連語（コロケーション）
2　原文にひきずられない――表現の工夫
3　代名詞・人称代名詞の処理
4　実務翻訳にそぐわない表現

ポイント **1**　原文にひきずられない――連語（コロケーション）

　訳文は、常に日本語として違和感のない表現になるよう努めるべきです。しかし、原文を追いかけているうちに、中国語の表現や文字に縛られたようになり、生硬な訳―「原文に引きずられた翻訳くさい訳」になるケースもよく見られます。
　まず、基本的なチェックポイントとして「連語」について学びましょう。

課題

　　面对大学生就业难问题，中央及各地政府纷纷出台了各项政策，其目的是解决大学生就业难的问题，开辟和繁荣劳动力市场。

NG訳　大学生の就職難問題について、中央及び各地方政府は、次々と政策を打ち出しているが、その目的は大学生の就職難の問題を解決し、労働力市場を開拓し繁栄させることである。

試訳　大学生の就職難について、中国の中央及び各地方政府は、次々と各種政策を打ち出している。その政策の目的は大学生の就職難を解決し、労働市場を開拓し、市場に活況をもたらすことにある。

解説　例文中の"开辟和繁荣劳动力市场"に注目してください。中国語としては自然で平易な表現と言えるでしょう。しかし、ここに落とし穴があります。NG訳では「労働力市場を開拓し繁栄させる」とあり、一見問題なさそうですけれども、「労働力市場を開拓し」に続く「繁栄させ」という部分に引っかかります。「市場を―開拓する」この連語はOKですが、「市場を―繁栄させる」はしっくりきません。ここは「発展させる」「成長させる」「活況をもたらす」などと訳す方が適切だと思われます。

> ⚠️ 学習ポイント以外の注意点
>
> ・"就业难的问题"の"问题"はその前の「就職難」という具体的な名詞と組み合わさることによって、本来の"问题"という意味が稀薄になりますので、ここでは省略して訳しません。
> ・NG訳の「〜政策を打ち出しているが、その目的は〜」の部分は大きな問題はありませんが、口語訳に近い感じがします。つながりに多少違和感を覚えますし、翻訳としては厳密さを欠く訳といえるでしょう。
> ・"劳动力市场"は経済用語です。日本語では「労働市場」と訳します。

練習問題　（解答 ☞ p. 73）

　　我省出访日本的具体日期至今难以确定。其原因主要是流感疫情的发展存在不确定性。因此，中国出入境管理部门建议推迟出访。

ポイント ❷　原文にひきずられない──表現の工夫

　中国語を実際に訳してみると、原文の漢字にひきずられ、日本語らしさとは程遠い訳になってしまうことがあります。漢字という共通の文字があるばかりに、日中翻訳では原文にひきずられた訳が多く見られます。しかも、なんとなく意味が通じてしまうので始末が悪いのです。

　漢字という便利な共通項の上にあぐらをかくことなく、日本語として正しい表現かどうか、わかりやすい訳文になっているかどうか常に心を配りましょう。

課題

　　中国传统的道德观念"天命不可逃，夫命不可违"、"夫唱妇随"，已不合乎当今的潮流。

NG訳　中国の伝統的な道徳観である「天命逃るべからず、夫命違うべからず」「夫唱婦随」は、すでに現代の流れに合わない。

試訳　「天命逃(のが)るべからず、夫命違(たが)うべからず」「夫唱婦随」という中国の伝統的な道徳観は、今どき流行らない。

解説　NG訳は"潮流"を「流れ」と和語表現に訳し、"合乎"は「合う」と訳していますが、それぞれ辞書の引き写しですし、中国語の漢字の影響を強く受けている印象です。意味はわかりますが、日本

語表現としては工夫が足りません。ここまで訳せたら、あともう一歩踏み込んで、「この訳は日本語としてわかりやすいだろうか」と考えてみましょう。NG訳のように直訳をして、次の段階では原文から離れ、訳文だけを検討するというのも1つの方法です。

> 🛈 学習ポイント以外の注意点
>
> ・ここでは"天命不可逃，夫命不可违"を文語的表現で訳してありますが、「天命から逃げてはいけない、夫の命に背いてはならない」と訳してもかまいません。しかし、"中国传统的道德观念"とありますので、文語的表現の方がどちらかといえば、適切かと思われます。

練習問題（解答 ☞ p. 73）

　　刘德华突然出现在歌迷聚会上，使歌迷们欣喜万分，甚至有些歌迷感动得落泪。

ポイント ❸　代名詞・人称代名詞の処理

　注意深く日本語の文章を見ますと、代名詞や人称代名詞がそれほど多くないことに気付くと思います。しかし日本語に比べて、中国語は代名詞をよく用いますので、原文中の代名詞をそのまま置き換えていくと、大変読みにくい不自然な日本語になります。

　代名詞が出てきたら、すぐに機械的に置き換えず、どのように処理すべきかを検討しましょう。

第2部 中→日編 ● Lesson 7

課題①

　　医生是救死扶伤的专家，应该受到人格上的尊重，他们的合法权益要得到保护。

NG訳　医者は死にかかっている者を救助し、負傷者の世話をする専門家であるから、尊敬されるべきであり、彼らの合法的権益は保護されなければならない。

試訳　医師は傷を手当てし命を助けてくれる専門家であるから、当然尊敬されるべきであり、医師の法的権利は守られるべきである。

解説　上記のNG訳は、いろいろな問題がある訳文ですが、まず原文の"他们"を、そのまま「彼ら」と訳したのがいけません。"他们"は「彼ら」以外に訳しようがないじゃないかという意見もあるでしょうが、日本語の「彼ら」にはどういうニュアンスが含まれるか考えてください。書き手との関係で見ますと、並列あるいは書き手の方がやや上という感じがあります。この文では、「医師は献身的な医療行為を行う人であり、尊敬の対象である」と述べているのですから、「彼ら」という言葉は適切とはいえないのです。

　ここでは"他们"＝「医師」と明らかですので、代名詞ではなく「医師」と訳すのが良いでしょう。

　また、中国語では人称代名詞や代名詞がよく用いられますが、日本語は書き言葉でもそれほど多くの代名詞を使いません。中国語の人称代名詞や代名詞を訳す際は、慎重に考えてください。

> 💡 **学習ポイント以外の注意点**
>
> ・"医生"の訳は「医者」でももちろん間違いではありませんが、

この課題文の内容から「医師」の方を選ぶべきでしょう。
・"救死扶伤"の訳は辞書の語釈そのままなのでしょうか。説明調でだらだらと長い修飾語によって、読みにくい訳文になっています。語釈を理解したうえでこなれた訳を工夫してください。
・"合法权益"を「合法的権益」と訳す例は、わりとよく目にしますが、この言葉は日本語にありそうで、実は日本語にはない言葉です。試訳の「法的権利」が適訳かと思います。

課題②

　　谈到中日两国关系，笔者认为，双方之间应不断加强交流。特别是加强民众的往来，这将有利于减少误解和分歧，增进理解。

NG訳　中日両国関係について、筆者は、双方は絶えず交流を強化しなければならないと考える。特に民衆の交流を強化することは、誤解や食い違いを減らし、理解の増進に有利であろう。

試訳　中日両国関係について、私は双方が絶えず交流を強化すべきだと考える。ことに両国民の交流を深めることが、互いの誤解や隔たりを減らし、理解を深めるのに役立つであろう。

解説　NG訳では"笔者"をそのまま「筆者」と訳していますが、これではこの文の書き手と"笔者"は別の人のように読めます。しかし原文を読みますと、書き手＝"笔者"と理解できますから、NG訳は適切な訳ではありません。
　このように中国語では、書き手自身を示す代名詞として、文中に"笔者""记者"などを用いることがあります。しかし日本語ではこれらの言葉を一人称の代名詞として用いることは少ないのです。文の前後から判断して「私は」と訳すか、あるいは省略するのが一般的な対

応です。

> **学習ポイント以外の注意点**
>
> ・"加強民众的往来"の訳は、その前に"加強交流"とあるので、日本語のレトリック上の感覚から、「交流の強化」を重ねて使うことは避けたいところです。中国語は重複表現を避けない、あるいは強調する際には好んで用いることがしばしばありますが、そのまま日本語に訳すとうるさい感じがします。(☞ p. 30 Lesson3「省略する例」参照)
> ・"分歧"は文の前後から考えて、柔軟に訳すべき言葉です。「食い違い」「溝」「隔たり」など適切な訳語を選ぶべきでしょう。
> ・"认为""说""表示"などの動詞の後にすぐ", (逗号)"のある場合, ", (逗号)"の後ろの文章が長ければ、"认为""说""表示"などの動詞を含むフレーズを先に訳すとよいと思います。
> ・"有利于～"を「～に有利だ」と訳しても間違いではありませんが、ここでは「～に役立つ」「～に資する」とするのが適切でしょう。

練習問題 (解答 ☞ p. 73)

当代年轻人的生活观点和经历引起了社会的关注。这本书描述了他们的方方面面。

ポイント ④ 実務翻訳にそぐわない表現

本書では、「実務翻訳」を学びます。したがいまして、常に「わかりやすい日本語表現」「読み手に親切な表現」を心がけるべきだということは前述したとおりです。

しかし、いくらわかりやすいと言っても、あまりに口語的な表現は

「実務翻訳」にはそぐわないということを忘れないでください。パソコンや携帯電話のメールでは、かなりくだけた表現を使うこともありますが、実務翻訳では、平易でわかりやすい表現と一定の格調を保った書き言葉の使用を勧めます。

課題

中国外交部发言人在新闻发布会上表示，中国政府为了帮助朝鲜人民克服经济困难，多年来一直在可能的范围内对朝鲜进行了无偿援助。

NG訳 中国外交部の報道官はプレスカンファレンスにおいて、中国政府は北朝鮮人民の経済面の困難を援助するために、長年ずっと可能な範囲で北朝鮮に無償援助をしてきた、と述べた。

試訳 中国外交部報道官は、プレスカンファレンスで次のように述べた。中国政府は北朝鮮人民の経済的困難を支援するため、可能な範囲での無償援助を長年続けてきた。

解説 例文は報道関係の硬い文章です。このような硬い文章の訳にNG訳で用いた「ずっと」という口語的表現はそぐわないと思われます。「一貫して」などに置き換えればよいでしょう。口語的表現の書き言葉への変換が苦手な人は、中日辞典やシソーラスなどを利用してください。

NG訳の「ずっと」を「一貫して」に置き換えるだけで、「一貫して可能な範囲で北朝鮮に無償援助をしてきた」と、ぐっと締まった表現になります。試訳では、原文に"多年来一直"とありますので、「長年続けてきた」と訳しました。

> ⚠ **学習ポイント以外の注意点**
>
> ・NG訳は「～報道官は」から結びの「～と述べた」までの間が長すぎるために、わかりにくい文になっています。試訳のように処理しますと、1度読んだだけですぐにわかる文にすることができます。
> ・このように、"认为""说""表示"などの動詞の後にすぐ","（逗号）"のある場合、","（逗号）"の後ろの文章が長ければ、"认为""说""表示"などの動詞を含むフレーズを先に訳すとよいでしょう。

練習問題　（解答 ☞ p. 73）

我公司自1960年创办以来，一直围绕"改革"、"创新"主题进行探索，始终致力于为客户提供最佳的技术。

演習問題　（解答 ☞ p. 154）

①对于美国历史上第一位黑人总统的诞生，《人民日报》海外版刊登了如下署名"丁刚"的分析评论："奥巴马并没有打破美国白人的优越感，相反，他的出现在加固着白人的优越感。

②面对金融危机，现行的金融制度到底具有多大的应急处理能力，也是它具有多大实力的体现。

③每当春节临近，学生之间传递贺卡和礼品的现象也骤然间多了起来。记者发现，这些贺卡中，有的是由明星照片做成的精品卡，有的是网络动漫中的卡通人。

④金融危机前很多制造企业为了扩大商机也纷纷向房地产投入巨大资

金，认为投入范围越广、投入越大，回报越快。但金融危机后，房地产陷入低迷，投资企业损失较大，不得不采取降低成本、缩减经费等一系列措施。

練習問題解答

p. 66

　我が省の具体的な訪日日程はまだ確定できない。その理由は主として、インフルエンザの今後の感染状況がはっきりしないためであり、中国出入国管理部門は出国時期を遅らせるよう申し入れている。

＊"建议"を「提案する」「意見を出す」などとばかり訳していないでしょうか。解答のように「申し入れる」と訳すとぴったりくる場合も少なくありません。

p. 67

　ファンの集いに突然現れたアンディ・ラウにファンは大喜びし、感激のあまり涙を流すファンさえもいた。

p. 70

　現代の若者たちの生活観や経験は社会の注目を集めている。この本にはそうした若者たちのさまざまな面が描かれている。

p. 72

　当社は1960年の創立以来、「改革」と「イノベーション」というテーマを追求し、顧客へ最良のテクノロジーを提供すべく努力を続けてきました。

第2部 中→日編 ● **Lesson 8**

訳す順序

　原則として、実務翻訳では原文の順に沿って訳すのが良いと、私は考えています。しかし、原文の意味をわかりやすく読み手に伝えることが実務翻訳の優先任務であるとすれば、原則に固執するのは賢明ではないと思います。

　ここではどのような場合に原文の順に沿って訳すのか、訳す順を変えるのはどのような目的からなのかについて紹介します。

学習のポイント
1 中国語の順に沿って訳す
2 訳す順序を変えた方がよい場合
　　──原文の要素から判断する
3 訳す順序を変えた方がよい場合
　　──明快な日本語にするため

ポイント **1**　中国語の順に沿って訳す

　実務翻訳では、原則として原文の順に沿って訳すのが良いでしょう。筆者の思考の流れや論理の展開をできるだけそのまま生かすという意味からも、原文の順序は尊重した方がよいと考えます。

課題①

　　有分析机构分析，对于电信运营商来说，3G的启动将为商家带来巨大的商机。预计5年内将有一半的移动用户成为3G用户。与此同时，中国3G的发展将极大地推动3G在全球范围内的发展。

NG訳　ある分析機関は、通信事業者にとって、3Gのスタートが企業

にとって巨大なビジネスチャンスとなり、5年以内に半分の加入者は3Gのユーザーとなり、これと同時に中国の3Gの発展が3Gのグローバルな普及を大いに推進するであろうと分析している。

[試訳] 分析機関は、通信事業者にとり、3Gのスタートが極めて大きなビジネスチャンスをもたらすであろうと分析している。今後5年以内に加入者の半数は3Gのユーザーとなり、同時に3Gの中国における発展が世界的な普及を大いに推進するであろう。

[解説] 課題文を読んでみて、どういう印象を受けるでしょうか。文章の構造も大変シンプルですし、さらっと1回で意味がわかる読みやすい中国語です。このような文章は、中国語の順に沿って素直に訳せばよいと思います。

NG訳は、課題文をよく読んでから訳していると思います。最初の"有分析机构分析"の"分析"が課題文の最後までかかっていることがわかったので、訳文の最後に「分析している」としたのですね。しかし、「ある分析機関は」と「分析している」の間に、全ての要素を詰め込み、1センテンスにしたため、訳文としては読みにくいものになってしまいました。

それに対し、試訳の方は、何の工夫もないように見えるかもしれませんが、原文の意味はすべて過不足なく訳出していますし、原文同様1回読めば理解してもらえる、わかりやすい文になっています。

> ⚠ 学習ポイント以外の注意点
>
> ・NG訳は、訳語の選択に慎重さが足りないと思います。"巨大的商机"を、そのまま「巨大なビジネスチャンス」としていますが、どこか座りの悪い感じがします。"一半"を「半分」と口語的に訳すのも全体のバランスから見て違和感があります。

> ・"全球"は「グローバル」と訳すと思い込んでいませんか。柔軟に対応しましょう。

練習問題 （解答 ☞ p. 85）

　　专家分析，今年中国将可实现25万辆左右的整车出口。这个数字有望比去年全年整车出口16万辆增加9万辆。另一方面，中国国内的汽车产量在明年将突破800万辆。

課題②

> 　　日本手机运营商软银移动第一季度销售额为6663亿日元，远超NTT docomo 在当季的销售额，创下同期历史新高。

NG訳　日本の携帯電話事業者のソフトバンクの第一四半期の販売額は、NTT ドコモの販売額をはるかに上回る6663億円となり、史上最高となった。

試訳　日本の携帯電話事業者であるソフトバンクモバイルの第1四半期の売上高は6,663億円、NTT ドコモの売上高をはるかに上回り、これまでの最高を記録した。

解説　NG 訳ですが、訳すべき要素は全て訳しており、一見なめらかな良い訳に見えます。しかし"远超 NTT docomo 在当季的销售额"の訳す順序を変える必要があるでしょうか。課題文を読みますと"6663亿日元"という数字を強調したいのだと思われますから、この数字をより際立たせるように訳すべきだと考えます。"NTT ドコモの販売額をはるかに上回る6663億円"と訳しますと、そこに翻訳者の意図が介入してしまいます。原文の語順に逆らって訳すことで意味が変わってしまうケースでは、原文の語順に沿って訳すべきです。

> **❗ 学習ポイント以外の注意点**
>
> ・日本では、ソフトバンクモバイルも NTT ドコモも共に日本の企業であることはよく知られていますので、文頭の"日本"の訳は省略可能です。
> ・"软银移动"は会社名ですから、通称ではなく正式な名称を調べて書く必要があります。
> ・"第一季度"の横書き表記は、「第1四半期」とするのが一般的です。
> ・企業の"销售额"は、会計用語ですから「売上高/売上」と訳すべきでしょう。

練習問題 (解答 ☞ p. 85)

　　去年居民消费物价指数上涨5.9%，远超市场预期。专家们认为，增幅的加大可能促使央行加息。

課題③

　　零售行业的业内人士指出，我国的商品零售业存在形形色色的规则。面对强势渠道，许多外贸企业有难言之隐，"中国制造"与"中国市场"的鸿沟难以逾越。

NG訳　小売業界の業界人は、中国の商品小売業には様々な規則がある。主流派の販路に直面して、『MADE IN CHINA』と『中国市場』の溝がなかなか埋まらない、と人に言えない苦しみを持つ対外貿易企業は数多いと指摘する。

試　訳　小売業界の関係者は、「中国の小売業界にはさまざまな規則がある。主流である販路の代理店などに対し、多くの貿易企業は口に

できない苦しみを抱えている。『MADE IN CHINA』と『中国市場』の間には深い溝があるのだ」と指摘する。

解説 NG訳は課題文の語順を全く無視し、筆者の論理展開も無視、更には文章記号「，」も完全に無視して、自分の書きたいように書いた例です。業界関係者の言葉として「　」で処理しているのは良いのですが、かっこでくくった話し言葉であるからこそ、原文の語順を変えることはなおさら好ましくありません。

🔔 **学習ポイント以外の注意点**

・"业内人士"を「業界人」としたのは、文字からの連想でしょうか。
・"难言之隐"の訳は間違いではありません。しかし、「人に言えない苦しみ」は個人であれば良いと思いますが、この場合は企業ですから、適切な表現を工夫してみてください。
・"外贸企业"を「対外貿易企業」としていますが、「対外」も「貿易」も日本語ですので、この2つを組み合わせたのでしょう。しかし「対外貿易」という日本語はありません。日本語で「貿易」と言えば、外国との取引と決まっていますから、ここは「貿易企業」だけでかまいません。

練習問題　（解答 ☞ p. 86）

　　统计数字显示，今年一季度，我国中药产品进出口额同比增长8.7%，增幅低于去年同期10.3个百分点。其中，进口同比增长42.5%；出口同比下降1.5%，多年来首次出现负增长。

ポイント ❷ 訳す順序を変えた方がよい場合
—原文の要素から判断する

"证明／表明／表示／指出／说明"などを動詞として用いており、かつこれらの動詞に続くフレーズがやや長い文の場合、動詞の後ろのフレーズを先に訳したほうが、原文の意図をより明確に伝える日本語訳になることがあります。

【課題】
　　最近公布的一项研究结果证明，吸烟者老年后患老年性失明的风险较大。

【NG訳】　最近発表された1つの研究結果が証明しているように、喫煙者が老後に老年性失明を患うリスクは比較的大きい。

【試訳】　喫煙者の加齢による失明のリスクがやや高いことは、最近発表された研究結果ですでに証明されている。

【解説】　課題文の主部は"最近公布的一项研究结果"ですが、このように主部が少し長い文章の場合、原文の順に沿ってそのまま主部として訳すと、いわゆる翻訳調になる傾向があります。NG訳はきちんと訳そうとしていますが、日本語表現としては拙い感じがします。このような翻訳調になるのを避けるために、原文の述部を主部として訳す方がより良い効果を得られると思います。

> ❗ 学習ポイント以外の注意点
>
> ・"一项～"の"一"は"项"という助数詞を補っているにすぎず、「1つの」という意味はありません。

> ・"老年性失明"を「老年性失明」あるいは「老人性失明」と訳すのは誤りです。平易な単語の組み合わせであると油断してリサーチを怠るのは感心しません。
> ・"风险较大"を「リスクが比較的大きい」と訳しても意味は通じますが、日本語ネイティブがこのように訳したとするならば大きな減点となります。"较"を「比較的」、"大"を「大きい」と機械的に置き換えるのはやめましょう。常に文章の前後を読み、適切な訳語かどうか自問し、慎重に訳してください。

練習問題　(解答 ☞ p. 86)

　　三鹿奶粉的调查结果证明，三鹿集团作假已多年，他们将三聚氰胺掺入奶粉中，致使许多婴幼儿得了肾结石。

ポイント ❸ 訳す順序を変えた方がよい場合 ―明快な日本語にするため

　原文の順に沿って訳すと、要点（ポイント）がぼやけてしまう場合があります。いったん訳した後、訳文を読み返し、「ここは文章の意味がぼやけているな」と思ったら、訳す順序を変えてみましょう。それだけで要点が明確に示された引き締まった訳文になります。

　またもう1つのケースがあります。それは、原文の語順に沿って訳していくと、訳文の修飾語と被修飾語の位置が遠くなりすぎて、レトリックの効果が全く得られないばかりか、わかりにくい文になってしまう場合です。自分の翻訳した文章が客観的に見てわかりやすいかどうか、明晰な文章であるか否かを判断することは、大切な翻訳のプロセスの1つです。

課題①

"幸福指数"近来在中国成了热门话题，有不少学者接二连三地推出所谓的最公正、最完美的"幸福指数标准"。但是，这些指数并不能反映一个国家的民众是否完全幸福。

NG訳　「幸福指数」は、最近中国でホットな話題となっているが、多くの学者が、いわゆる最も公正で、最も完全な「幸福指数基準」を次々と発表している。しかしこれらの指数は国民が完全に幸福かどうかを反映するわけではない。

試　訳　「幸福度指数」は、最近中国でホットな話題となっており、多くの学者によって、いわゆる最も公正で完全な「幸福度指数基準」が次々と発表されている。しかし、その国の人々がみな幸福か否かは、それらの指数に反映されるわけではない。

解　説　NG訳は、翻訳というよりも、中国語の語順に沿って日本語に変換しているだけという感じですが、それでもなんとなく意味はわかるでしょう。しかし、"这些指数并不能反映一个国家的民众是否完全幸福"のフレーズの訳は、何を言わんとしているのか、よくわかりません。

　このように正しい文法理解にもとづいて訳しているにも関わらず、日本語としては意味がぼやけてしまうというケースは少なくありません。このような場合は切り口を変え、目的語の部分を先に、つまり目的語の部分を主部として処理し、訳してみると、明快な日本語表現になります。

> ⚠ 学習ポイント以外の注意点
>
> ・"幸福指数"のリサーチが不充分です。
> ・"最公正、最完美的～"は重複表現です。日本語表現では"最"を整理して訳した方が良いと思います。
> ・"完全幸福"を「完全に幸福」と訳すのはやや不注意です。"完全"は基本語彙の1つですが、さまざまなニュアンスがありますので、辞書などで確認しておきましょう。

練習問題 （解答 ☞ p. 86）

　　第二季度我国出口增幅有了回升，达8％。这一数字使不少业内人士充满乐观，认为经济已开始复苏。但是，这一数字并不能反映整体经济已触底回升。

課題②

> 　　我们应该仔细地思考，究竟是什么原因使一直被视为中华民族美德的"养儿防老"观念发生了动摇。

NG訳　私たちは、いったいどのような原因が、中華民族の美徳と一貫して考えられている「養児防老」という考えを揺らがせたのか、細かく考えなければならない。

試　訳　昔から中華民族の美徳と考えられてきた「子を養い老いに備える」という考えが、そもそもどのような理由で揺らいできたのか、私たちはよく考えなければならない。

解　説　課題文の"应该仔细地思考"という述語動詞を含むフレーズを最後に訳すのは、間違った処理ではありません。しかしNG訳を

みますと、「私たちは」という主語と、その結びの言葉である「考えなければならない」の間に、かなり長いフレーズが存在しています。

　そのため、「私たち」は「何なのか」、または「何をするのか」という、このセンテンスの重要な骨格の部分を把握しにくくなっています。訳文としての日本語の明快な表現を確保するために、語順にこだわらず柔軟に訳すことも時に必要となります。

> ⚠ 学習ポイント以外の注意点
>
> ・"究竟"を書き言葉に訳すのは案外むずかしいものです。「畢竟(ひっきょう)」は書き言葉ですが、この言葉がわかる人、読める人が少なくなっている昨今では訳語として選びにくいと思います。「いったい」は口語的なので避けたい訳語です。
> ・"原因"の訳語は１つではありません。中国語の"原因"と日本語の「原因」は完全に同じ意味ではありませんから気をつけましょう。
> ・"使"を用いた使役表現は、しばしば用いられますので、見慣れていると思いますが、NG訳のような「〜を〜させる」と訳しがちではないでしょうか。試訳を参考に工夫してください。
> ・"一直"の訳をNG訳は「一貫して」としました。「ずっと」という口語的な訳を避けた点は評価できますが、訳文の中でのバランスはどうでしょうか。
> ・"养儿防老"を「養児防老」と日本語で表記しても、訳したことにはなりません。日本語にない四字成句や慣用句はわかりやすく訳す必要があります。
> ・NG訳は全体的に雑な感じがいたします。原文の意味だけを追うのではなく、全体のバランスも整える必要があります。訳し終えた後の推敲は、翻訳という作業の中でも非常に重要なポイントです。

第2部 中→日編 ● Lesson 8

練習問題 （解答 ☞ p. 86）

我们应该认真思考，究竟是什么原因使一些年轻人走向吸毒不能自拔的错误之路。

課題③

他是第一个将托尔斯泰的著名小说《安娜·卡列尼娜》从欧洲搬上中国舞台的艺术工作者。

NG訳　彼は、最初にトルストイの有名な小説『アンナ・カレーニナ』をヨーロッパから中国の舞台に持ってきた芸術家である。

試訳　彼は、トルストイの有名な小説『アンナ・カレーニナ』を中国で舞台化した最初のアーティストである。

解説　課題文は比較的平易な文章ですから、そのまま中国語の語順に沿って訳してもよさそうなものですが、修飾語である"第一个"と被修飾語の"艺术工作者"の間に複数の要素が挿入されているため、修飾関係がわかりにくくなっています。試訳では訳す順序を変えた結果、修飾関係が明確になり、読みやすくなりました。

> ⚠️ 学習ポイント以外の注意点
>
> ・"搬上中国舞台"は訳しにくいかもしれません。「中国の舞台に持ってきた」と直訳しても一応意味は通じますが、翻訳調にすぎると思います。
> ・"艺术工作者"は「芸術家」と訳しても間違いではありませんが、ここでは「アーティスト」としました。

練習問題 （解答 ☞ p. 86）

她是第一个登上世界屋脊珠穆朗玛峰的中国女性。

演習問題 （解答 ☞ p. 155）

①专家们指出，大学生就业难问题涉及到社会资源、教育资源配置等重大问题。要解决大学生就业难，就必须对我国的教育资源进行重新分配，以满足社会所需。

②日前，阿里巴巴集团旗下的支付宝公司负责人透露，目前支付宝的注册用户已经达到5000万。这一数字远超最为常用的信用卡用户。

③由公安部门、税务部门组成的联合小组对Ａ市发生的重大贪污事件进行了周密的调查。调查结果证明，现任市长涉嫌受贿800多万元、贪污公款20多万元等多项犯罪。

④中共中央政治局常委、国务院总理温家宝近日在南方考察时指出，治理太湖是一项长期艰巨的任务，要坚持不懈地抓下去，加大力度，加快进度，从根本上把太湖治理好。

練習問題解答

p. 76

　専門家の分析では、今年、中国の自動車輸出は25万台を見込んでいるが、この数字は前年の16万台より9万台多い。また来年には、中国国内の自動車生産台数は800万台を突破するであろうとのことだ。

p. 77

　昨年の消費者物価指数は5.9％上昇し、市場の予想をはるかに上回った。

上昇率の加速により、中央銀行が金利引き上げをするのではと専門家は考えている。

p. 78

統計データの示す内容は次のとおりである。今年第１四半期、わが国の漢方薬の輸出入額は前年同期比8.7％増、伸び幅は前年同期比10.3ポイントのマイナス。その内訳は、輸入が前年同期比42.5％増、輸出は前年同期比1.5％減、輸出は長年の統計で初のマイナス成長となった。

p. 80

三鹿グループが長期にわたって偽造を行い、メラミンの混入した粉ミルクによって多くの乳幼児が腎結石になったことは、三鹿の粉ミルクを調査した結果から明らかである。

p. 82

第２四半期、わが国の輸出の伸びは回復に転じ、８％に達した。この数字によって、多くの業界関係者には楽観的な見方が強まり、景気回復が始まったのだと考えた。しかし、経済全体の底打ちと景気回復が、この数字に反映されているわけではない。

p. 84

一部の若者が違法薬物使用という自力では抜け出せない誤った道に進むのは、結局どのような理由なのか、私たちは真摯に考えなければならない。

p. 85

彼女は世界の最高峰チョモランマに初めて登頂した中国人女性である。

コラム ❸ 肩書きなどの訳し方

　肩書き・役職名は、実にバラエティーに富んでおり、翻訳者泣かせです。
　原則としては、クライアントや翻訳コーディネーターにどのように処理すべきか指示を仰ぎ、その指示に沿って処理します。
　ここでは一般的な訳し方についてご紹介いたします。

　企業関連の肩書き・役職名でしたら、その企業のオフィシャルサイトにアクセスし、日本語あるいは中国語のサイトがあればサイト内の表記に従います。日本語と中国語のどちらか片方のサイトしかなくても英語のサイトがある場合は多いので、英語の表記を参考に訳すのもよいでしょう。
　下記の「主な肩書きの中日対照」表を参考にしてください。
　日中間の経済関係は非常に緊密ですので、一部の肩書き－例えば「董事長」、"社长"－はそのまま日本語あるいは中国語で表記されていますが、やはり訳さなければならないケースも多数あります。良くリサーチをして正確に対応したいものです。

主な肩書きの中日対照

中国語	日本語
董事长	董事長／会長
董事	董事／取締役
总经理	総経理／社長
首席执行官	ＣＥＯ／ゼネラルマネージャー／ＧＭ
总裁	総裁／ＣＥＯ／ゼネラルマネージャー／ＧＭ
科长	科長／課長
厂长	工場長
总监	ディレクター／部門責任者
经理	経理／マネージャー
主管	スーパーバイザー
协调人员	コーディネーター

分析员	アナリスト
工程师	エンジニア／工程師／技術者／技師
建筑工程师	建築家／建築技師
高级工程师	高級工程師／シニアエンジニア
咨询／顾问	コンサルタント／顧問
助理	補佐／アシスタント／サブ
经销商	販売代理店／特約店／ディストリビューター
公关	広報／渉外／ＰＲ
行长	（銀行の）頭取／（銀行の）社長
副行长	（銀行の）副頭取／（銀行の）副社長
总工程师	チーフエンジニア
业务跟单	マーチャンダイザー／仕入れ担当／バイヤー
记者	記者／ジャーナリスト／リポーター
艺术总监	クリエイティブディレクター
导演	（映画の）監督／（演劇の）演出家
摄影师	カメラマン／撮影技師
音效师	録音技師

第3部
日→中編

第3部 日→中編 ● Lesson 1

拆译／分译（区切って訳す）

　実務翻訳をしておりますと、長い修飾語によって、あるいは多くの要素を盛り込みすぎたために、1センテンスが100字前後にもなる文章に取り組まなければならないことがあります。原文の日本語についてあれこれ批評してはいけませんが、このような1回読んだだけでは理解しにくい長い日本語を、そのままの形で中国語に訳すことは避けねばなりません。翻訳する際は、読み手にわかりやすい表現を心がける必要があります。

　そのために有効な方法の1つが、ここで紹介する"拆译"（"分译"）—区切って訳す方法です。

学習のポイント

1. 多くの要素が盛り込まれているセンテンスを区切る
2. 長い修飾語を含むセンテンスを区切る
3. センテンスの途中で主語が変わっている場合

ポイント ①　多くの要素が盛り込まれているセンテンスを区切る

課題

　管理者は、社員と適切なコミュニケーションをはかり、特定の人に過度な負担がかかることのないよう計画的に業務を遂行し、サービス残業を禁止し、過度な残業をなくし、有給休暇の取得を促進しなければならない。

[NG訳]　管理人员要与员工适当沟通，要有计划地进行工作，不要使特定的员工负担过重，禁止无报酬的加班，禁止过度加班加点，促进员工获取带薪休假。

[試訳]　管理人员要与员工妥善沟通，合理制定工作计划，避免使个别员工负担过重。同时还要杜绝无薪或过度加班，促进员工带薪休假。

[解説]　課題文は「管理者」として果たすべき複数の任務を述べており、実に98字にもなる長いセンテンスです。NG訳は、すべての要素を訳出してはいますが、だらだらと長く、読み手が要点をつかみにくい文章になっています。

　まず例文を分析しますと、前半は「全般的な業務遂行について」、後半は「残業と休暇について」述べています。この分析をもとに、試訳では2センテンスに分けてコンパクトに訳してあります。実務翻訳では、このように読み手が一度読めばすぐに内容を理解できる訳文を目指しましょう。

> 🟡 学習ポイント以外の注意点
>
> ・NG訳は、課題文の要素をすべて訳してあり、意味はよくわかりますが、1つ気をつけてほしいのは、"不要""禁止"などの強い表現を使いすぎないようにすることです。

(練習問題)　（解答 ☞ p. 95）

　教員は、学生のレベルを把握し、学生のモチベーションを高め、スムーズな講義の展開のために周到な準備を行い、学生がより良く学習できるための教材開発を行わなければならない。

第3部 日→中編 ● Lesson 1

ポイント ❷ 長い修飾語を含むセンテンスを区切る

課題

　本パンフレットでは、広く企業活動を通じて環境に優しく豊かな社会の実現に貢献するという弊社の理念について詳しくご案内いたします。

NG訳　本小册子详细介绍了通过各种为企业活动，努力实现环保，富裕的社会的本公司的理念。

試訳　此公司简介详细介绍了本公司的理念，即通过各种企业社会贡献活动，努力创建一个美好的环保社会。

解説　日本語の修飾語は被修飾語の前に置かれます。課題文では「弊社の理念」が被修飾語で、「広く企業活動を通じて環境に優しく豊かな社会の実現に貢献する」が修飾語です。非常に長い修飾語ですね。

　NG訳は日本語の語順そのままに修飾語を訳しているため、述語動詞の"介绍"と目的語の"本公司的理念"が離れすぎてしまい、わかりにくい中国語になってしまいました。そこでまず、原文の骨格部分を訳し、残りの長い修飾語の部分は"即"を用いて分けて訳しました。わかりやすい中国語表現をするために、「主」と「副」を明確に分析し、区切って訳す方法は大変有効です。

> **❗ 学習ポイント以外の注意点**
>
> ・「パンフレット」は一般的には"小册子"と訳されますが、課題文には「弊社」とありますから、企業のパンフレットであるこ

とがわかります。企業のパンフレットは普通"公司简介"と訳します。
・日本語の「豊か」は、しばしば"富裕"、"富饶"と訳されます。"富裕"は経済的に、"富饶"は物資や資源が「豊か」であるという意味です。課題文の「豊か」はどういう意味でしょうか。「企業活動」、「環境に優しく」という言葉から、単なる物質的な「豊か」さではないと考えられないでしょうか。ここでは"美好"、"幸福"と訳した方が、課題文の意味をより的確に表現できると思います。

練習問題 (解答 ☞ p. 95)

当協会は、日中音楽交流を通じ、未来を担う日中の青少年の相互理解を増進し、友情を育み、より良い日中関係の構築のために貢献するという高い理念を掲げております。

ポイント ❸ センテンスの途中で主語が変わっている場合

「センテンスの途中で主語が変わる」ということを意識していない日本語ネイティブが多いと思います。中国語ネイティブにとっては違和感がありますのですぐわかるのですが、日本語ネイティブには特に不自然に感じられないので、かえってわかりにくいのでしょう。

課題

工場案内はすでにお手元にあると思いますが、詳細な資料につきましては見学後にお渡しする予定です。

NG訳 我想各位都有我们工厂的小册子，就详细资料将在参观后发给各位。

第3部 日→中編 ● Lesson 1

[試訳]　想必各位手中都有了工厂简介。参观后，我将把详细资料发给各位。

[解説]　課題文を分析してみましょう。前半は「工場案内はすでにお手元にあると思いますが、」、後半は「詳細な資料につきましては見学後にお渡しする予定です。」とあり、1センテンスにまとまっています。しかしよく見ますと、これは関連性のない2つの内容が並んで記されているにすぎないことがわかります。

また前半の意味は「皆さんの手元には工場案内があります」、後半は「見学後（私が）詳細な資料をお渡しします」という意味ですから、それぞれ主語も異なります。このような場合、中国語は2センテンスに区切って訳すべきでしょう。

NG訳は、中国語で書いてはありますが、1センテンスに主語は1つというルールを無視した全くの誤訳です。

練習問題　（解答 ☞ p. 95）

演奏会場につきましては、昨日ご連絡いたしましたとおりですが、控え室の説明とリハーサルの時間などについては改めてお知らせします。

演習問題　（解答 ☞ p. 156）

区切って訳すことを念頭に置き、以下の文章を翻訳してください。

①本校は司法科研究室をはじめ、行政科研究室など、公務員試験などの国家試験合格をめざす学生を対象とした各種の研究室を設置している。

②双方は、今後の航空事業の進むべき方向に関し、滑走路を拡張し、

空港ターミナルを拡大し、国内・国際航空路線の増便に努める等の各点においてコンセンサスを得た。

③事業主は、女性従業員を深夜勤務に従事させる際、子どもの養育や家族の介護、健康などに関する事情をあらかじめ聞くなどして配慮しなければならない。

④昨年、子どもの頃から長い間強いあこがれの気持ちを抱きながらも、ずっと訪問の機会に恵まれなかったインドネシアのボロブドゥル寺院遺跡を訪れることができ、言葉にはできないほど感激した。

練習問題解答

p. 91

为了掌握学生的水平，提高其学习热情以及提升教学质量，教师们应该充分备课。同时，还应积极编制教材以促进学生有效学习。

p. 93

本协会的崇高理念是，通过日中两国的音乐交流，增进日中两国青少年的相互了解和友谊，努力推动两国关系取得进一步发展。

p. 94

昨天我已将演出地点通知了大家。关于演奏员休息室和彩排时间，将另行通知。

第3部 日→中編 ● Lesson 2

反译（否定文を肯定文に、肯定文を否定文に訳す）

翻訳スキルの1つに"反译"があります。これは原文の否定文を肯定文に訳し、その逆に肯定文を否定文に訳すという方法です。

この"反译"は、日中両語の発想の違いに基づく訳し方です。したがいまして、"反译"しなくても中国語に訳すことは可能ですが、"反译"すると、より自然な中国語表現になるというものです。

学習のポイント
1 否定文を肯定文に訳すケース
2 肯定文を否定文に訳すケース

ポイント **1** 否定文を肯定文に訳すケース

課題①
　両社の合併の件は、新聞報道があるまで知らなかった。

NG訳　我看了新闻报道之前，不知道两家公司合并了。

試　訳　我看了新闻报道，才知道两家公司合并了。

解　説　課題の日本語は「知らなかった」と否定形ですので、NG訳のように訳す人は多いと思います。意味はわかりますが、中国語らしい表現とは言えません。それに対し、中国語ネイティブならまず例外なくこのように書くというのが試訳です。発想の違いが明らかですね。

　試訳で用いた"才"は、基本的な語彙ですから、その意味や用法に

ついては説明するまでもないと思いますが、なかなか使いこなせないようです。課題文と類似の表現を見つけたら、この発想の違いを思い出してください。

練習問題（解答 ☞ p. 101）
　株を始めるまで、手数料がこんなに高いとは知らなかった。

課題②
　この建物の設計は彼にしてもらわなければだめだ。

[NG訳]　这座大楼的设计，让他不设计不行。

[試　訳]　这座大楼一定要由他来设计。

[解　説]　課題文を何の分析もなく日本語に置き換えているという印象です。つまり日本語の発想を中国語で書いてあるという感じがします。日本語は「彼にしてもらわなければだめだ」という部分を、中国語は「どうしても彼にしてもらうのだ」と発想するのです。発想の違いさえ理解できれば、訳すのは容易です。

⚠️ 学習ポイント以外の注意点

・NG 訳の"不设计不行"は口語的表現です。実務翻訳ではなるべく避けましょう。
・"让他不设计不行"は文法上の間違いです。"不让他设计不行"とすべきでしょう。
・NG 訳では"设计"が重複して用いられています。動詞の"设计"だけで訳は充分です。

第3部 日→中編 ● Lesson 2

練習問題　（解答 ☞ p. 101）

　その案件の計画は現場の担当者にしてもらわなければだめだ。

ポイント ❷　肯定文を否定文に訳すケース

課題①

> 　われわれは、たえず社会に価値を創出し、その信頼に応えるために、公正に行動する必要がある。

NG訳　为了经常为社会创造价值，得到社会的信任，我们应该采取公正的行动。

試訳　为了不断为社会创造价值，不辜负社会对我们的信任，我们应该公正行事。

解説　課題文の「信頼に応える」という部分に注目してください。NG訳は"得到社会的信任"—「信頼を得る」と訳しており、悪くはないと思います。しかし中国語の発想は"不辜负社会对我们的信任"—「信頼を裏切らない」となります。ここで用いられている"辜负"は「好意を無にする」「期待を裏切る」「失望させる」などという意味で、試訳の発想はこの"辜负"という単語の意味からきているとも言えます。単なる訳語として覚えるよりも、この単語の持つニュアンスを理解してください。

> ❗ **学習ポイント以外の注意点**
>
> ・試訳の"公正行事"は、非常に中国語らしい表現といえるでし

ょう。"行事"は「事を処理する／物事を進める／実行する」という意味ですから、形容動詞「公正に」を受ける動詞としてはベストの選択だと思います。NG訳の"采取公正的行动"も通じますし無難な訳ですが、「中国語らしさ」という角度から見ると少し評価が落ちます。

練習問題（解答 ☞ p. 101）

我が党は、国民の期待に応え、国民の幸せのために精いっぱい働きます。

課題②

車内での携帯電話の使用は、他のお客様のご迷惑となりますのでご遠慮願います。

NG訳 车内使用手机给别的客人添麻烦，请尽量少用手机。

試 訳 为方便其他乘客乘车，车内请勿使用手机。

解 説 婉曲表現は、日本語の大きな特徴の1つですが、「禁止の婉曲表現」は、日本語ネイティブでも誤解することがあるようです。

課題文の「ご遠慮願います」は「～しないでください」「～することは禁止です」を婉曲に表現したにすぎませんから、明確な禁止の意味です。NG訳では"请尽量少用手机"と訳しており、「ご遠慮ください」を苦労して訳したと思われますが、これは、中国語ネイティブにとって、なんとも不思議な表現にうつります。

中国語では"请勿使用手机"と、「禁止」を明確に表現するべきです。"勿"は、"不要""别"という意味の書き言葉です。

> **!** 学習ポイント以外の注意点
>
> ・試訳は明確な禁止を伝えると同時に、課題文の「お客様である乗客に対する配慮」を汲み取り、ソフトに表現しています。「乗客の迷惑になるから」「乗客の迷惑にならないように」「乗客の都合のために」とさまざまに言い換えながら検討すると、このような表現にたどりつくことができるかもしれません。
>
> ・「お客様」を"客人"と訳すのは日本語ネイティブにありがちなミスです。ここでは具体的に"乗客"と訳さないと通じません。これは、たとえば「待合室」を"候诊室"、"候车室"、"候机室"などと場所によって具体的に訳す必要があるのと同じです。

練習問題 (解答 ☞ p. 101)

パブリックスペースでの喫煙はご遠慮ください。

ミニクイズ (解答 ☞ p. 101)

次の日本語は中国語でなんと言うでしょうか。

①映画スター　　②お笑いスター　　③スター歌手
④バスケットボールなど球技のスター選手
⑤映画・テレビ・歌のいずれでも活躍するスター
⑥スーパースター　　⑦女性のスーパースター
⑧男性のスーパースター

演習問題 (解答 ☞ p. 157)

①先月発表されたWHOの統計によると、日本人1人あたりのカルシウム摂取量は世界平均の2分の1しかない。

②ロシアチームに勝たなければ、日本女子バレーボールチームは決勝に進出できない。

③科学技術の研究の推進において国及び地方公共団体が果たす役割の重要性に配慮しなければならない。

④情報技術を活用しない限り、経済成長を維持しつつ、地球温暖化を防止することはできません。

練習問題解答

p. 97

炒股后，我才知道股票交易手续费这么贵。

p. 98

这件工作应当由一线的主管人来规划。

p. 99

为了不辜负民众的期待，并造福于民众，我党应努力工作，尽职尽力。

p. 100

请勿在公共场所吸烟。

ミニクイズの答え

p. 100

①电影明星、影星　②谐星、笑星　③歌星　④球星　⑤影视歌三栖明星　⑥超级明星、巨星　⑦天后　⑧天王

第3部 日→中編 ● **Lesson 3**

减译（省略する例）

　日本語の表現の特徴として、繊細・丁寧・細やか・婉曲などが挙げられると思います。そのためか日本語ネイティブが中訳する際、日本語表現の細部にこだわりすぎて、不自然な中国語になるケースがよく見られます。もちろん原文の意図を表現するために不可欠な要素は省けませんが、中国語として不自然、または不適切な表現になる場合は、「省く」ことも大切な選択肢です。

学習のポイント
1 実質的な意味を含まない部分は省略する
2 訳さなくてもよい接続詞を見極める

ポイント ❶ 実質的な意味を含まない部分は省略する

　日本語の丁寧な表現や断定を避ける婉曲な表現の中には、あまり意味のない部分が含まれていることが多々あります。その部分を無理やり中国語に訳そうとすると、不自然な表現になるばかりでなく、意味が通じなくなることもありますので、気をつけましょう。

課題①
　書類の内容を確認のうえ、記入すること。

NG訳　先把文件的内容确认好以后，再记上。

試　訳　确认好文件内容后填写。

解　説　例文は、非常に簡潔な命令文です。NG訳は「のうえ」を一

102

種格式ばった手順を示す言葉としてとらえているのでしょうか、一見いかにも丁寧に訳しているように見えますが、くどくどと簡潔さに欠け、原文の意図からずれています。「のうえ」には確かに「〜してから」と手順を示す意味はありますが、他には特別な意味はありません。「書類内容を確認して記入せよ」と言い換えても何ら問題ないでしょう。

試訳は原文の意図も反映した過不足のない適切な訳だといえます。

> **⚠ 学習ポイント以外の注意点**
>
> ・「記入する」を辞書で調べると"记上"とあるのを、そのまま写したのでしょうが、課題文では「書類を確認して」とありますので、その書類に記入する、すなわち書類に書き込むという意味ですから、"填写"と訳すべきです。

練習問題（解答 ☞ p. 109）

申込書を確認のうえ記入し、学校に提出すること。

課題②

　彼は一時的な感情によって決断したのではなかろうかと思われる。

NG訳　我想他是不是根据一时的感情而作出决断。

試　訳　恐怕他是凭着一时的感情冲动而决定的吧。

解　説　課題文の「〜ではなかろうかと思われる」という部分に注目してください。これは断定を避ける日本語表現です。「〜と思われる」

という部分には実質的な意味は含まれていません。この分析ができていないまま直訳しますと、いかにも翻訳くさい、中国語の表現にそぐわないものとなります。ここでは、「～ではなかろうかと思われる」の「～と思われる」の部分を省いて「～ではないだろうか」と理解し、訳します。

> **学習ポイント以外の注意点**
>
> ・「～によって」とあるので、NG 訳では"根据"を用いたのでしょう。"根据～而～"と呼応は正しいのですが、このような場面で用いるのは間違っています。"根据"は事柄や動作を前提あるいは基礎とする場合に使うのがルールです。この場合は「一時的な感情によって」とありますので、"根据"ではなく"凭"を用いるべきです。
> ・「思われる」「思う」を機械的に"想"と訳す人がとても多いように感じます。「思う」という言葉はとても便利な日本語で、さまざまな意味を表すことができます。少し考えただけでも、「心の中で思う」「判断する」「予想する」などの意味がありますね。しかしこのような便利な、言わば懐の深い言葉であるからこそ、中国語に訳す時は注意深く考える必要があります。課題文では、あまりよくない結果を予想して「思われる」と書いたと考えられますので、試訳では"恐怕"を用いました。

練習問題 （解答 ☞ p. 109）

　この企画は彼女１人のアイディアによるものではなかろうかと思われる。

課題③

> 当社はお客様にとってかけがえのないパートナーとして、お客様とともに成長することを目指し続けてまいります。

NG訳 我们对于客户来说是不可缺少的合作伙伴，并和客户一起继续发展。

試 訳 我们是客户不可或缺的合作伙伴，并将与客户共同继续发展。

解 説 NG訳は、一見原文を忠実に訳しているように見えますが、中国語の表現としてはぎくしゃくした感じがするのは否めません。課題文中の「にとって」を省いて訳すと、原文の意味を損なうことなく、すっきりとした中国語になります。

> ❗ **学習ポイント以外の注意点**
>
> ・NG訳の"不可缺少"は試訳と違いますが、訂正する必要はありません。
> ・"和客户一起"も良いのですが、やや口語的な表現といえます。
> ・試訳の"将"には、「これから〜を目指す」というニュアンスがあります。

練習問題 （解答 ☞ p. 109）

　インターネットは、当社にとって不可欠な広告メディアである。

ポイント ❷ 訳さなくてもよい接続詞を見極める

　日本語ネイティブならば、意味のない接続詞であるか、そうでない

かの区別は容易につくと思うのですが、これが案外できません。つい日本語の字面にひきずられてしまうのかもしれません。訳さなくてもよい、実質的な意味のない接続詞があるのだという点を念頭に置いて原文を読めば、すぐにわかると思います。

課題①

> この件についてはすでに連絡したとおりであるが、今後変更があれば改めて通知する。

NG訳 关于这个事情正如已经联系过的那样，但是今后如果发生了变化，再次通知你们。

試訳 此事已通知了大家。今后如有变化，将另行通知。

解説 「が」は、一般的に逆接の接続詞として用いられます。NG訳では"但是"と訳しています。

しかし例文中の「が」には逆接の意味はありません。「この件についてはすでに連絡したとおりであり、今後変更があれば改めて通知する。」ということを述べているにすぎません。「が」を"但"、"但是"、"可是"などと反射的に置き換える前に、原文の意味をよく理解するように努めましょう。

⚠️ 学習ポイント以外の注意点

・NG訳の冒頭の部分は、頑張って訳していますが、表現がくどく感じますし、課題文のニュアンスと一致しません。
・「～について」というと、日本語ネイティブは"关于"を好んで使います。間違いではありませんが、ひどく大げさな感じがします。ここでは、試訳のようにさらっと訳すほうが適切です。

・「この件」を"这个事情"、"这个问题"などと訳すケースもよく見ますが、口語的すぎて実務翻訳には適切とはいえません。
・「変更があれば～」と仮定の表現があるので"如果"を使ったのだと思います。これは間違っていませんが、"如果"はたいてい"则"や"就"と呼応して用いられますから、NG訳の"如果"は間違った使い方ということになります。ちなみに試訳では"将"と呼応しています。
・「改めて連絡する」「別途通知する」などという表現はよく使われます。試訳の"另行通知"は覚えてしまいましょう。

練習問題 （解答 ☞ p. 109）

　この件は昨日メールで連絡したとおりだが、午後の会議終了後改めて詳しく説明する。

課題②

　いよいよ発売日が来月に迫ったわけだけれども、予約の状況を正確に把握する必要がある。

NG訳　虽然下个月产品就要上市，但我们有必要正确掌握预约的情况。

試訳　下个月产品即将上市，所以我们要准确掌握预约的情况。

解説　「けれども」も、一般的には逆接の接続詞として用いられます。そこで日本人学習者は「けれども」とくると"虽然～但是…"などと訳したくなるようです。

　しかし、上記例文をよく読んでみてください。大変平易な文章ですが、油断せず注意深く意味を考えましょう。この文中の「けれども」には逆接の意味は含まれておらず、しかも接続詞として使われてもい

ません。「発売日がいよいよ来月に迫ったので、予約の状況を正確に把握する必要がある。」と言い換えることが可能です。したがいまして、「けれども」はここでは省いて訳すべきです。

> **学習ポイント以外の注意点**
>
> ・NG訳では、「まもなく〜の時だ」という意味を表すのに"就要"を用いていますが、3つの意味で適切ではありません。1点目は、口語的過ぎる表現であるということです。2点目は、"就要"というのは「今にも、すぐに」という意味ですから、原文の「発売日は来月」という時間の感覚とはずいぶん違うということ。3点目は、"就要"は"了"を伴うのが一般的であるということです。NG訳はそのルールに反しています。
> ・課題文の「正確に」は中国語ではほとんどの場合"准确"と訳します。NG訳では課題文の漢字に引きずられて"正确"と訳していますが、"正确"は「理屈や基準に合っている」という意味ですから、ここで用いるのは適切ではありません。

練習問題 （解答 ☞ p. 109）

新製品のプレゼンテーションがいよいよ明日に迫ったわけだけれども、パワーポイントの資料を再度確認する必要がある。

演習問題 （解答 ☞ p. 157）

次の日本語をよく読み、「省く」ことを念頭において訳してみましょう。

①各国とも環境問題について、その対策を早急に講じなければならない。

②経産省は、来年度以降、特定の工業製品について特恵関税を適用できる輸入額の枠を廃止することとする。

③全体会議の場で協議した結果、当該プロジェクトは予定どおり実施するものとする。

④交流事業については、崔市長とも意見交換をしたところだが、文化関連の施策について皆さんのご意見をいただければと思う。

(練習問題解答)

p. 103

确认报名表的内容后，填写并提交至学校。

p. 104

这个规划大概是她一个人做出来的吧。

p. 105

互联网是我公司不可或缺的广告媒介。

p. 107

此事已通过电子邮件通知了大家。下午会后将再次就详细情况予以介绍。

p. 108

新产品推介会明天即将举行，因此我们应该再确认一下PPT资料。

＊パワーポイントは"演示文稿組件"と訳すことも可能ですが、一般的に中国語では、ビジネスに限らずほとんどの場合"PPT"と訳します。

第3部 日→中編 ● **Lesson 4**

标点符号（文章記号と表記ルール）

　日本語の文章記号の種類とそれぞれの用法を理解することによって、翻訳の質をより高めることができます。
　また実務翻訳で用いる中国語の文章記号には、日本語の文章記号より多くの種類があり、用法も日本語より厳密に決まっていますので、しっかり学びましょう。

学習の ポイント
1 文章記号の理解と処理
2 数字・固有名詞（人名・地名）など

ポイント ❶ 文章記号の理解と処理

日本語の文章記号	意味／用法	例	対応する中国語の文章記号
・ なかてん	並列関係を示し、複数の事柄を列挙する際に用います。	例代表的な生活習慣病には、心臓病・糖尿病・脳卒中・高血圧などがある。 訳代表性的生活方式病可举心脏病、糖尿病、脑中风、高血压等病。	、 顿号 文の前後の関係で、"与、同"で・（なかてん）に対応することもあります。
、 読点	形が中国語の"顿号"と同じですので、気をつけましょう。日本語の読点と"逗号"は基本的に同じ用法ですが、全ての読点を"逗号"に置き換えるわけではありません。		， 逗号
「　」 かぎかっこ	会話文や引用文、特に強調したい言葉などに用います。	例工場長は大変親切な方で、「ご質問があれば、どんなことでもご	：" " 冒号＋双引号

110

		遠慮なくどうぞ」と言ってくれた。 訳①厂长人很热情，对我们说："有问题，不要客气，尽管提出来。" 訳②厂长人很热情，对我们说，"有问题，不要客气，尽管提出来。"	
『 』 二重かぎかっこ	書籍名や雑誌・新聞の名称、文章のテーマなどを示します。また、かぎかっこの中にさらにかぎかっこを入れる際に、後者を二重かぎかっこにすることがあります。	例『中日大辞典』 訳《中日大辞典》 例「日本銀行は、『日銀』と略すことができます。」 訳"日本銀行可简称为'日银'。"	《 》 书名号 ' ' 单引号
。 句点	実務翻訳ではセンテンスの終わりは句点を打ちます。疑問符や感嘆符は基本的にあまり用いません。中国語では疑問符や感嘆符を使いますので、文章の意味に応じ適切かつ効果的に用いましょう。	例周到な準備を行ったにも関わらずこのような事故がなぜ起こるのだろうか。 訳尽管做了周密的准备，可为什么还会出现这种事故呢？ 例九寨溝を初めて目にした感動はとても言葉では言い表せない。 訳第一次看到九寨沟时的那种激动感，是无法用语言来表达的！	。 句号 ？ 疑问号 ！ 感叹号
。 句点 、 読点	複数のフレーズやセンテンスが並列関係にある場合、日本語では句点や読点を用いますが、中国語では"分号"を用い、フレーズやセンテンスの関係を明確に表します。	例若い時にすることは全て意味がある。アルバイトをして生活費を稼ぐ、研究テーマに向かってひたすら勉学に励む、サークル活動などで友人関係を深めるなど、何一つ無駄なことはない。 訳年轻时所做的任何事	； 分号

		都是有意义的。打工赚取生活费；刻苦钻研学问；参加各种课外活动来广交朋友等，这些经验绝不会白费。	
。句点 、読点 その他	フレーズや比較的短いセンテンスの後に、詳細な内容の説明を述べるセンテンスが続く場合、日本語では句点や読点を用いますが、中訳の際"冒号"を用いると、フレーズやセンテンスの関係が一目瞭然です。	例 わが社は中長期的な事業計画を策定し、すべての領域において、地球にやさしいサービスを提供する旨を明記した。 訳 本公司制定了中长期业务计划，并明确作出了以下规定：在所有领域，提供对环境友好型服务。	： 冒号

ポイント ❷　数字・固有名詞（人名・地名）など

課題①

> 日本の高度成長期は、昭和30年代から約20年間続いた。

NG訳　日本的高度成长期从昭和30年代开始继续了20年左右。

試訳　日本的经济高速增长期从上世纪50年代中期开始持续了大约20年。

解説　昭和は、日本の年号ですからそのままでは通じません。日本の歴史などを紹介する際、年号を中国語で紹介するというような特別なケース以外は、西暦に直して表記するのが一般的です。昭和30年代は1955年から始まりますので、試訳のように訳します。少し文字数が

多くなってしまいますが、これは仕方がありません。

　もちろん昭和だけでなく、翻訳する際は他の年号もすべて西暦に直してください。

> **学習ポイント以外の注意点**
>
> ・「高度成長期」は、"经济高速增长期"と訳すのが一般的です。
> ・「続いた」をNG訳では"继续"と訳しています。これは、間違いとは言い切れません。しかし、"继续"は中断があってもなくても使うことができるのに対し、日本経済の高度成長は昭和30年代から途切れることなくずっと続いた事実がありますので、ここでは"持续"と訳すのがより適切です。
> ・「約20年間」を"20年左右"とするのは間違いではありませんが、これは口語的な表現ですので、試訳のように"大约20年"と訳すのが適切でしょう。

課題②

　映画祭の初日、ジョン・ウー監督に、『レッドクリフ PartⅡ　未来への最終決戦』の撮影中の苦労などについてインタビューが行われた。

NG訳　电影节的第一天，有些媒体采访了吴宇森导演，并请他谈了拍《赤壁 PartⅡ》时的艰辛。

試訳　电影节的首日，吴宇森导演接受了媒体的采访，介绍了拍《赤壁（下）：决战天下》时的艰辛。

解説　ジョン・ウー監督は、中国生まれですが、現在はハリウッドなど海外で活躍していますので、日本では、彼の英語名のJohn Woo

をカタカナで表記しています。しかし中国語圏では中国語名で紹介されていますので、きちんとリサーチをしたうえで間違いのない表記を心がけましょう。欧米人の名前もすべて中国語の漢字で表記するのが原則です。

　『レッドクリフ』は大ヒットした映画作品で、ご覧になった方も多いと思います。ここでは『レッドクリフ PartⅡ　未来への最終決戦』と、正式な邦題が記されています。映画のタイトルは、各国の映画配給会社が、いわば商品名として命名するものですから、NG訳のように通称を用いてはいけません。中国語の正式なタイトルをリサーチする必要があります。

　日本のアニメや漫画は中国語圏でも大人気で、コミックが出版されたり、テレビで放映されたりしていますが、アニメや漫画も、各国の出版社などがそれぞれの国のタイトルを決めています。また同じ中国語圏でも国によってタイトルが全く異なる場合もありますから、注意してください。

演習問題　（解答 ☞ p. 158）

　文章記号を正しく処理し、表記ルールに気をつけて以下の日本語を中国語に訳してください。

①2008年の財務省通関統計によると、不織布輸出量は前年比18％増の48,000トンに達し、ここ数年順調な伸びを見せている。

②10月に行われた祝賀式典は各国首脳が出席する中、華やかに執り行われた。オバマ米大統領・胡錦濤中国国家主席・サルコジ仏大統領・ブラウン英首相・メドヴェージェフ露大統領・イ・ミョンバク韓国大統領など、20カ国余りの首脳、外相が祝賀式典のために訪日した。

③日本のアニメは中国でも大変な人気だ。若い人ならば日本のアニメを見たことがない人の方が少数派であろう。最近人気のアニメのトップファイブは上位から順に、『名探偵コナン』『ケロロ軍曹』『クレヨンしんちゃん』『テニスの王子様』『機動戦士ガンダム00』となっている。

④魯迅は明治37年、仙台医学専門学校に入学し、そこで生涯の師と仰ぐことになる藤野厳九郎先生と出会った。二人の交流は短い期間にすぎなかったが、後年魯迅はその時の思い出を『藤野先生』という作品として発表したのである。

第3部 日→中編 ● Lesson 5

使令动词 "使"（使役文に訳すケース）

　この課では、日本語は物事を客観的に述べる平叙文であるのに、中国語に訳す際に使役文にした方が効果的である例を学びます。
　中国語の使役文は非常に範囲が広いので、ここでは特に使役動詞の"使"を効果的に使って使役文に訳す方法を紹介します。使役動詞の"使"は、誘発機能――あることが原因となって、他の事を引き起こす／ある事態を招く／状況にさせる、という働きがあります。

学習のポイント
1 因果関係を明確にする
2 発想の違い

ポイント 1　因果関係を明確にする

　日本語ネイティブに中訳の翻訳指導をする際、「どうして日本語ネイティブなのに、日本語の分析ができていないのだろうか、なぜ字面だけを追うのだろう」と思うことがしばしばあります。ここでは「因果関係を明確に訳す」ための方法を紹介しますが、日本語の文章の中に因果関係が含まれているかどうか、よく分析するところからスタートしましょう。

課題①

　社員のモチベーションがあがると、企業の業績は自然と上向きになるものだ。

NG訳　如果员工的劳动积极性提高了，公司的业绩也会提高。

[試 訳] 激发员工劳动积极性可使公司业绩得以提高。

[解 説] 「～すれば、～できる」、あるいは「～であれば、～となる」という文の翻訳は難しくありませんが、"使"を用いると、より因果関係が明確になり、流れのある、読みやすい、自然な中国語表現が可能になります。

上記課題のように文の前半で「仮定」を述べ、後半で「その仮定によってもたらされる結果」を述べる文を訳す際は大変有効です。「仮定・結果」「原因・結果」を述べる文を目にした際、訳す方法の選択肢の1つに入れてください。

学習ポイント以外の注意点

・試訳では「社員のモチベーションがあがる」という部分を主部としてとらえてコンパクトに訳しています。"调动～积极性""激发～动机"などと訳すこともできるでしょう。

練習問題 （解答 ☞ p. 120）

今回の内需拡大策で、GDP年率8％の成長は十分可能になる。

課題②

インフレが続くと、物価水準は上がり続ける。

[NG訳] 通货膨胀继续下去，物价水平也继续提高。

[試 訳] 通胀持续上行将使物价水平不断走高。

[解説] 課題文は「インフレが続く」という前半と、「物価水準が上がり続ける」という後半から構成されています。先ほど指摘した原文を分析する視点で読むと、この文の「原因・結果」— 因果関係が容易に理解できると思います。

NG訳は、日本語ネイティブの翻訳によくみられるケースです。意味は通じますが、なんとも平板な表現で、中国語訳としてはあまり高く評価できません。試訳は「こういう原因によって、こういう結果になる」と明確に表現している点が、高く評価できます。

> ⚠️ 学習ポイント以外の注意点
>
> ・「インフレ」は"通貨膨胀"という訳で正しいのですが、最近は"通胀"と略称で表記されることが多くなっています。
> ・「インフレが続く」を「インフレがさらに高いレベルになる」と踏み込んだ理解をすると"通胀持续上行"と訳すことができます。
> ・「物価水準が上がり続ける」の「上がる」は数値が上がることを意味しますので、"走高"と訳しますと、意味をより鮮明に表すことができます。

練習問題 (解答 ☞ p. 120)

環境意識が高まれば、都市部の緑が増える。

ポイント ❷ 発想の違い

課題

昨日の大雨で一気に涼しくなった。

[NG訳] 昨天下了大雨，天气一下子凉快了。

[試　訳] 昨天的那场大雨使天气一下子变得凉快了。

[解　説] この課題は日本語ネイティブと中国語ネイティブの発想の違いが顕著に表れる文だと思います。日本語ネイティブは、日本語を話したり書いたりする際、因果関係を意識することが少ないのではないでしょうか。上記の課題を日本語ネイティブは一般的に「昨日大雨が降って、急に涼しくなった」と理解するようです。つまり「雨が降った」ことと「涼しくなった」ことの間に関連性は感じているものの、「雨が降ったことによって涼しくなった」というところまで意識しないようです。

しかし、中国語ネイティブは上記の課題を読み、「昨日大雨が降った」という原因によって、「一気に涼しくなった」という結果がもたらされた、つまり「昨日の大雨が今日の天気を涼しくしてくれた」ととらえるのです。

> 🛈 学習ポイント以外の注意点
>
> ・試訳では、「昨日の大雨」を主語として扱っていますから、"昨天的那场大雨"と訳します。助数詞の活用については次課「第3部 Lesson6　加译」を参照してください。
> ・「昨日の大雨」というと、日本語ネイティブは"昨天下的大雨"などと訳しがちですから注意しましょう。これは、いかにも翻訳くさい中国語表現です。

[練習問題]（解答 ☞ p. 120）

昨夜の雪で、あたり一面真っ白な雪におおわれた。

第3部 日→中編 ● Lesson 5

演習問題 （解答 ☞ p. 158）

①資源・エネルギー等価格の高騰を中国経済が吸収できるかという点も問題であるが、更に環境問題の深刻化が、これまでのような順調な投資の増加を難しいものにするであろう。

②コンサルティング会社から提供された、当社の業務にカスタマイズした管理システムにより、作業効率の向上だけでなく、収益性の大幅な改善を実現した。

③新型電気自動車は新しい技術を採用し、車体からの排出ゼロ、つまりゼロエミッションが可能となった。

④既存の観光資源の見直しと新たな観光資源の開発は、横ばいから下降傾向にある静岡県の観光業を必ずや立て直し、さらには経済の活性化につなげることができる。

練習問題解答

p. 117

　　此次出台的扩大内需政策完全可使GDP实现8％的增长。
＊「今回の内需拡大策」を"此次的扩大内需政策"と訳しても通じますが、やはり"出台"という動詞を補った方が完全な中国語になる感じがします。また、「GDP」を"国内生产总值"と訳してもかまいませんが、実務翻訳ではそのまま"GDP"とするのも一般的です。

p. 118

　　环保意识的提升将使城市绿化得以实现。

p. 119

昨晩的那场雪使周围变成了白茫茫的一片。

コラム 4　名詞と助数詞の組み合わせ

基本的な名詞と助数詞"量词"の組み合わせは知っていると思いますが、翻訳ではより厳密に使い分ける必要があります。

ここでは、ふつう口語ではあまり使われない組み合わせを紹介します。

名词	量词
比赛	场／项
布景	堂／套／台
窗帘	块／条
电池	节／对／个
队伍	支／路
风景	处
技术	门／项
军队	支
垃圾	堆
命	条
命令	道／个／条
墨	块／锭
钱	笔
闪电	道
收入	笔／项
文章	篇／段
武器	件／批
消息	个／条／则
职业	项
主张	项／个

第3部 日→中編 • **Lesson 6**

加译（補って訳す）

　　中国語と日本語には、文法や構文、表現方法や習慣など、異なる点が多くあります。翻訳という作業はそれらの相違点を適切に処理する作業でもあります。その１つとして"加译"「補って訳す」方法があります。原文の意味をしっかり把握し、より中国語らしい表現を用いて訳せるようにしましょう。

**学習の
ポイント**

1 主語・動詞・助数詞を補う
2 類型を示す言葉 "工作" "问题" "任务" を補う
3 原文の意味・単語の意味を補う

ポイント 1　主語・動詞・助数詞を補う

　日本語表現では、主語の省略がしばしば見られます。日本語は「述語動詞」あるいは述部を重視するため、主語を省略しても文章表現としてはあまり問題がないのです。
　また、１センテンスの中に複数の主語が存在するということもよくあります。しかし中国語では主語の省略は日本語ほど多くありませんし、１センテンスの主語は１つと決まっています。中国語に訳す際、この点を忘れがちですので気をつけましょう。

課題①

　明日午前はＡ社へ表敬訪問、午後はＢ工場の見学です。
　　　　　　　　　　　　　　（注：スケジュールの確認）。

NG訳　明天上午是访问A公司，下午是参观B工厂。

試訳　明天上午我们将去拜访A公司，下午将到B工厂参观。

解説　NG訳は、日本人がよく間違う典型例と言えるでしょう。日本語の感覚で、単語を中国語に置き換えているだけです。原文の主語を省略せずに厳密に表しますと、「明日午前には私たちはA社を表敬訪問し、午後にはB工場を見学します。」ということです。主語を正しく把握すれば、NG訳のようなミスはなくなると思います。

> ❗ 学習ポイント以外の注意点
>
> ・「表敬訪問」という言葉は、日常生活ではあまり用いないためか、知らない人が多いかと思います。わからない言葉は、適当に自分で判断せず辞書などで確認する習慣をつけたいものです。
> ・"是"は使いやすい動詞なのか、日本語ネイティブはしばしば"是"を用いたセンテンスを書きますが、これも辞書で用法を確認する必要があります。"是"は基本的に断定を表す動詞であり、動詞を目的語にとることもありますが、その場合は強調するなどの意味が加わります。課題文では単に行動の説明をするだけですので、"是"を用いたセンテンスは不適切だといえます。

練習問題　（解答 ☞ p. 129）
　明日午前は病院、午後は会社です。

課題②
　私たちは関連施設の見学後、ビデオを見ました。

NG訳　我们参观了相关设施以后，看了录像。

[試 訳] 我们参观了相关设施以后，又看了一段录像。

[解 説] NG訳でも中国語としては通じますが、試訳のように助数詞"一段"を入れた方が、より中国語らしい表現といえます。さらに"又"という副詞を補うことで、前の行動に引き続く、動作の流れを明確に表現することができます。

練習問題 （解答 ☞ p. 129）
　学校の裏に小さな山があります。

ポイント ❷　類型を示す言葉"工作""问题""任务"を補う

　中国語を読んでいる時は、当たり前のように感じていても、日本語から中国語に訳す際に忘れがちなのが、"工作"・"问题"・"任务"など行動や内容の類型を示す単語です。なぜ中国語に訳す際に忘れるのでしょう。それは例えば、日本語では「通訳」をする、「教育改革」を行う、「新事業立ち上げ」を果たす、と書くのが自然な表現であり、「（通訳の）仕事／作業／活動」「（教育改革の）問題／事柄」「（新事業立ち上げの）任務／役目／課題／ミッション」とは書かれていないからです。

　"工作""问题""任务"などは単独ではそれぞれ個別の意味を持っていますが、具体的な内容の名詞と組み合わさると、もともとの意味を失うという特徴があります。具体例を見ながら考えていきましょう。

課題
　彼女は大学卒業後、通訳ガイド試験に合格し、通訳ガイドを始めた。

NG訳　她毕业大学以后，考上了翻译导游考试，开始了翻译导游。

試訳　她大学毕业以后，考上了导游翻译，并开始从事导游翻译工作。

解説　「通訳ガイドを始めた」という部分を見てみましょう。「通訳ガイド」は名詞ですから、試訳のように"从事"あるいは"担任"のように動詞を補わなくてはなりません。それに加えて"工作"は必ず補います。"导游翻译"＋"工作"となったことで、"工作"の本来の意味は失われていますが、中国語の表現ではこの"工作"がないと、なんとも座りの悪い感じがします。

---

❶ 学習ポイント以外の注意点

・「大学を卒業する」は"大学毕业"です。日本語ネイティブは「大学を卒業する」という文を見ると、"毕业大学"と訳すケースが多いのですが、それは間違った中国語です。"毕业"は単独で述語になることができるからです。簡単なことですが、このミスは案外多いので注意しましょう。
・試訳には"并"という接続詞を入れました。"并"を加えることで時間の流れもはっきりしますし、"并"がないと不自然で座りの悪い感じがいたします。
・"考上"は「試験に合格する」という意味ですから、NG訳の"考上了翻译导游考试"のミスはすぐ分かるでしょう。

練習問題　（解答 ☞ p. 129）

今、我々は教育改革を早急に実現しなくてはならない。

第3部 日→中編 • Lesson 6

ポイント ❸ 原文の意味・単語の意味を補う

課題①

先日経済団体の会議に出席したが、金融危機の影響の話があった。

NG訳 前不久，我参加了经济团体的会议，谈起金融危机的影响。

試訳 前不久，我参加了一个经济团体的会议。会上人们谈起了金融危机所造成的影响。

解説 課題文は日本語としては自然な表現で、何も問題はありません。中訳にあたり課題文を分析していきましょう。

まず主語が省かれていることに気がつきます。NG訳ではその点に気付いてきちんと主語を補っています。しかし、課題文をよく見てください。「先日経済団体の会議に出席した」のは「私」ですが、「金融危機の影響の話があった」、言い換えますと「金融危機の影響の話をしていた」のは「私」ではなく会議に出席した人たちです。

中国語の主語に関するルールは日本語より厳格であり、1センテンスの主語は1つのみで、例外はありません。

したがいまして、主語を補ってこの例文を訳すとしますと、試訳のように2センテンスに分ける必要があります。

また学習のポイント1の課題②で説明しましたように、ここでも助数詞"一个"を加えることにより、中国語の表現が充実します。

> ⚠ 学習ポイント以外の注意点
>
> ・「金融危機の影響」を"金融危机的影响"と訳すのは日本語ネイティブにありがちですが、口語表現ならまだしも、翻訳では評価できません。このような短い言葉でもその中に因果関係があると認められれば"金融危机所造成的影响"のように訳すべきです。
> ・課題文では「話があった」と単純に過去形になっていますが、試訳では"谈起了"としてあります。これは上記の解説でも触れましたが、2センテンスに分けたところに理由があります。後ろの文では、"会上人们"と主語を補い、"会上人们"がその時に行った事"谈起金融危机所造成的影响"を述べています。しかし"谈起"はすでに起きた動作ですので"了"をつけて"谈起了"と書く必要があります。

練習問題 (解答 ☞ p. 129)

昨年の夏、初めて大学の同窓会に参加した。40年ぶりの再会であったが、白髪の人が随分多かった。

課題②

少子化などの理由で、七五三は年々派手に行われるようになった。

NG訳 由于少子化等的原因,七五三活动开展得越来越盛大。

試 訳 由于生育率的下降等原因,日本传统儿童节"七五三儿童节"的豪华程度逐年攀升。

解 説 七五三は日本の伝統的な行事ですから、日本人なら知らない

人はいません。しかし"七五三"とそのまま中国語で書いても、中国人には何のことやらさっぱり分かりません。このような、日本人には常識でも中国人には知られていない事柄や、人名など固有名詞については、説明を補う必要があります。ここでは簡略な説明を加えて訳すことで、読み手の理解を助けています。

> **! 学習ポイント以外の注意点**
>
> ・"少子化"は新語辞典などにも載っている単語で、実際中国でも広く使われていますが、中国語で"子"は「男の子」だけを指す場合もありますので、正確な表現ではないと考えます。ここでは別の表現を紹介しました。参考にしてください。
> ・"越来越～"という表現は口語的です。
> ・"盛大"の用法が適切ではありません。
> ・課題文の「年々」を正確に訳していません。

練習問題 （解答 ☞ p. 129）

宮崎駿監督の新作『崖の上のポニョ』が明日から日本全国で上映される。

演習問題 （解答 ☞ p. 159）

次の文章の日本語の意味を厳密に把握し、補うことに注意して中国語に訳してみましょう。

①昨年の視察は北京と上海だったが、今年は内陸部の各地を回るつもりだ。

②各メディアはイタリアで起きたテロ事件を報道した。

③昨日、2か月ぶりに授業に出たが、担任の先生が相変わらずお説教ばかりでうんざりした。

④日本の剣道愛好者の中には、宮本武蔵に憧れて始めた者も少なくない。

練習問題解答

p. 123

　明天上午我要去医院，下午要去单位。

p. 124

　我们学校后面有一座小山。

p. 125

　我们现在必须尽快完成教育改革任务。

p. 127

　去年夏天，我第一次参加了大学的同窗会。这是时隔40年后的重逢。我发现很多老同学都已两鬓斑白。

p. 128

　《悬崖上的金鱼公主》是日本动画大师宫崎骏执导的新片。明天将在日本全国上映。

第3部 日→中編 ● **Lesson 7**

巧用连词，介词（効果的な接続詞・介詞）

　中国語の一部の接続詞や介詞をうまく使うのは、なかなかむずかしいものです。しかし、適切に用いることができますと、そこから得られる効果は大変大きいものです。
　ここでは、特に日本語ネイティブが苦手とする、接続詞や介詞を用いた効果的な訳し方を学びます。

学習の ポイント
1 因果関係を表す接続詞・介詞
2 手段を表す接続詞・介詞
3 因果関係―状況と結果を表す接続詞・介詞

ポイント **1**　因果関係を表す接続詞・介詞

　因果関係を表現するのによく使う接続詞や介詞は下記のとおりです。

○因为～／因～／～之所以
○由于～／既然～
○(因为，因)～以致／以致～　（ネガティブな結果を述べる）

　これらは、日本語ネイティブにも比較的なじみのある言葉ですから、翻訳の際もよく使うと思いますが、ここで正しい使い方、効果的な使い方を改めて確認しておきましょう。

課題①

彼は常に真摯な態度で仕事に取り組んでいたから、上司に高く評価されたのである。

NG訳 因为他的工作态度非常认真，受到上司的很高评价。

試訳 因为他的工作态度非常认真，所以受到了上司的好评。

解説 "因为～所以"は因果関係を表す基本的な接続詞の呼応です。NG訳は、一見問題なさそうに見えますが、致命的なミスを犯しています。それは文頭に"因为"とあるだけで"所以"がないことです。そのため、因果関係がはっきりせず、センテンスが完結していないという印象を受けます。"因为～所以"という接続詞の呼応を用いる場合、"因为"は省略できますが、"所以"を省略することはできません。

練習問題 （解答 ☞ p. 137）

彼女は接客態度が悪いので、カウンター業務から外された。

課題②

私が機械の操作に未熟であったため、生産に重大な支障をきたした。

NG訳 由于我机器操作得还不熟练，给生产带来了重大的障碍。

試訳 由于我机器操作得还不熟练，以致给生产造成了极大的影响。

解説 課題①で"因为～所以"の呼応について学びましたが、ここ

では"由于〜以致"の呼応を紹介します。"因为〜所以"と"由于〜以致"はともに原因と結果を表す際に使いますが、"由于〜以致"は特にネガティブな結果を表す場合に用います。"由于"は省略できても、"以致"は省略不可という点は共通です。

課題②は複文の前半部が原因となって、後半部の内容が結果として発生したという意味ですから、"因为〜所以"を使えそうなものですが、それでは後半部の内容を的確に示すことができません。「生産に重大な支障をきたした」という、極めてネガティブな結果を表すには、前半の原因を"以致"で受けて後半部につなげる必要があります。

> **学習ポイント以外の注意点**
>
> ・「重大な支障をきたす」という箇所の NG 訳は、ある程度評価できますが、訳語の選択が単純だと思われます。「支障をきたした」具体的な内容が分からない場合は、踏み込んだ訳ができません。
>
> このような場合は試訳のように"造成了极大的影响"とすれば、過不足ない訳になるでしょう。"造成"はネガティブな状況や事柄をもたらすという意味があります。

練習問題（解答 ☞ p. 137）

彼は運転中に携帯電話を使ったため、交通事故を起こしてしまった。

ポイント ❷ 手段を表す接続詞・介詞

手段や目的、介在を表す接続詞と介詞の使い方を学びます。主として用いられる言葉は下記のとおりです。

○主として目的を示す…以〜／以便〜／以免〜
○主として手段や介在を表す…経〜／経过〜／通过〜

課題①

　当社は深刻化する環境問題を改善すべく、「環境保全ソリューション」を提供いたします。

NG訳　本公司为了改善越来越严重的环境问题，提供"环保解决方案"。

試訳　本公司提供"环保解决方案"以缓解日益严重的环境问题。

解説　NG例は、日本語の語順に沿ってさらりと訳しています。多少口語的な点は気になりますが、意味はわかります。しかし課題の文をよく見てみましょう。この文の骨格となる部分はどこですか。主語は「当社」、述語動詞は「提供いたします」ですから、「当社は〜を提供いたします」が骨格で、それ以外の「深刻化する環境問題を改善すべく」は肉付けの部分と分析できます。実務翻訳の中国語はわかりやすさが第一ですから、まず骨格 ― メインを先に述べ、その後に肉付け ― サブの部分を述べることをお勧めします。

　中国語の言葉の組み立て方や話の展開は日本語とはずいぶん異なります。試訳を日本語に訳し戻し（☞ p. 55 コラム 2「訳し戻しトレーニング」）してみると、違いをはっきり認識できると思います。

試訳の直訳；当社は「環境保全ソリューション」を提供します。それによって深刻化する環境問題を改善します。

第3部 日→中編 ● Lesson 7

> **学習ポイント以外の注意点**
>
> ・課題の「改善すべく」の「すべく」はやや文語的表現ですが、書き言葉としてはよく用いられます。
> ・「深刻化する」を"越来越严重"と理解できた点は一定の評価をしますが、やや口語的な表現です。

練習問題 (解答 ☞ p. 137)

私は若者の文化交流を一層盛んにするために、「日中青少年文化基金」の設立を提案いたします。

課題②

担当者の丁寧な案内により、プロジェクトの進捗状況を把握できた。

NG訳 有关负责人给我们做了详细介绍,我们能够掌握项目的进展情况。

試訳 通过负责人的详细介绍,我们掌握了项目的进展情况。

解説 NG訳の問題点は、複文の前後の関係が明確ではないところにあります。"介绍"と"掌握"がどういう関係にあるのかが示されていません。

課題文の前半部には、「担当者の丁寧な案内により」とありますから、ここは手段を示しているとわかります。そこで文頭に"通过"を用いることで、前半部の役割を明確に示すことができるというわけです。

> ⚠ 学習ポイント以外の注意点
>
> ・NG 訳の"能够掌握"では、課題文で述べている「把握できた」―すでに把握できた―という状態を表していません。

ポイント ❸ 因果関係―状況と結果を表す接続詞・介詞

　"进而"と"从而"は、よく見る言葉だと思いますし、その意味も理解しているでしょう。しかし、この2つは"书面语"―書き言葉ですので、口語的な表現の中に用いるのは不適切です。
"进而～"は、複文前半部の結果や、さらに進んだ状況を表します。
"从而～"は、"进而"で示す内容の他に、前半部との因果関係を示します。

課題
　当社は経理アウトソーシングの導入により、経費を大幅に削減した。

NG訳　通过财务外包模式的引进，本公司大幅度地削减了经费。

試訳　本公司引进了财务外包模式，从而大幅度地削减了经费。

解説　NG例は、学習のポイント2で紹介した"通过"を早速応用して訳しています。これも悪くありませんが、やはりここでは"从而"を使いたいと思います。
　その理由は2つあります。1つは、前半の主語と、後半の主語が共通であること、もう1つは課題文の前半の内容（経理アウトソーシン

グを導入した）を受けて、後半はさらに発展した状況（経費の大幅削減）を表していることです。

　単純に判断できない場合もありますが、"通過""経過"で処理するのか、"从而""进而"で処理したらよいのか迷った場合は、複文の前半と後半の主語が共有できるかどうかが見分けるポイントになります。複文の前半と後半の主語が共有できるのであれば、"从而""进而"を選択できる可能性があります。

【練習問題】（解答 ☞ p. 137）

　彼は生活習慣を改善したことにより、生活習慣病の克服に成功した。

【演習問題】（解答 ☞ p. 160）
①当工場では作業効率の高い分業を実施し、さらに各ラインでの厳格な品質検査体制を整備した。

②インフルエンザにかからないようにするには、できるだけ外出を避け、充分な睡眠と栄養のある食事をとり、疲労しないよう心がけましょう。

③顧客の皆様に優れた品質の商品をご提供するため、私どもは開発から生産・販売・アフターサービスにいたるまで、社内規定を遵守いたします。

④交通渋滞は、環境への影響も深刻であり、早急に有効な対策を講じなくてはならないが、特に県西部の交通渋滞を緩和するには、道路の拡幅・多車線化・バイパス道路の整備や交差点の立体化などを急ぐ必要がある。

練習問題解答

p. 131

（因为）她的服务态度不佳，所以被责令离开窗口业务。

＊"因为"は省略可能です。文の意味に影響がありません。ただし"所以"を省略することはできません。

p. 132

他开车时打手机，以致引发了一场交通事故。

p. 134

我建议设立"日中青少年文化基金"，以进一步推动青少年的文化交流。

p. 136

他改善了日常的生活习惯，从而成功地战胜了生活方式病。

＊この訳例の場合、複文の前半と後半の主語が共有できますので、"从而"を用いて訳してあります。

第3部 日→中編 • **Lesson 8**

間違いやすい表現—よりよい翻訳のために

　この単元では、日本人学習者がしばしば間違える例—誤訳例を、単語とフレーズ・動詞と目的語の組み合わせ（"搭配"）・表現の3つの面から検討していきます。

　「単語とフレーズ」や「動詞と目的語の組み合わせ（"搭配"）」は、どのような言葉に注意すべきか、どのように考えて処理すべきかがわかりさえすれば、誤訳を防ぐのは比較的容易です。「表現」の問題は少し難易度が高いのですが、日本語と中国語の発想の違いを常に意識して、どのような切り口で訳せばよいかという考え方ができてくれば、生硬な中国語表現を確実に改善することができるでしょう。

学習の ポイント
1 間違いやすい単語とフレーズ
2 動詞と目的語の組み合わせ
3 中国語らしい表現を心がける

ポイント 1 　間違いやすい単語とフレーズ

　翻訳をするにあたり、辞書を調べるのはもちろん重要ですが、辞書は全ての事柄を網羅しているわけではありません。文章の背景や内容によっては、辞書の語釈では、原文の言わんとすることを表現できないこともあるのです。したがいまして、辞書の引き写しには充分気をつける必要があります。日本語と中国語の同形異義語や同形近義語もたくさんありますから、文字から適当に推測して訳してはいけません。

　まず次頁の表を見てください。明らかな誤訳の例をいくつか集めてみました。表の中で「誤訳かどうか判断できない」言葉がありましたら、すぐに辞書で確かめてみてください。

日本語	誤訳例	中国語
覚悟する	觉悟	做好思想准备
前年	前年	上年／去年
書類	书类	文件
感激する	感激	感动
深刻な（である）	深刻	严重
苦肉の策	苦肉计	不得已的办法
1980年代	1980年代	上世纪八十年代

次に示す例は誤訳ではありませんが、実務翻訳にふさわしくない「口語的な訳」をしがちな例です。

日本語	実務翻訳に適さない訳	実務翻訳にふさわしい訳
常に	常常／经常	不断
ますます	越来越……	更加／进一步／愈

ポイント ❷ 動詞と目的語の組み合わせ

中国語を書く場合、単語や言葉の組み合わせはなかなかむずかしいようです。特に動詞と目的語の組み合わせ"动宾搭配"は、ミスが目立ちます。"动宾搭配"は中国語の骨格を成す重要な要素ですから、教科書や論文・新聞記事など信用度の高い中国語文をたくさん読んで、正しい"动宾搭配"を覚え、確実な知識として蓄積していきましょう。さまざまな"动宾搭配词典"なども出ていますから、参考にするのもよいと思います。

課題

静岡県の「音楽のまち」浜松市は第一回日本青少年音楽祭を行った。

Lesson 8

NG訳 日本静冈县的"音乐之城市"滨松市举行了第一次日本青少年音乐节。

試 訳 日本静冈县的"音乐城"滨松市举办了首届日本青少年音乐节。

解 説 この課題文は比較的よく見る例かと思いますが、案外ミスが多い例の１つです。目的語は「音楽祭」ですから、さまざまな内容が含まれていると推測できます。したがってこの場合は"举行"ではなく、"举办"を用いるのが正解です。"举行"は式典や試合などが目的語になる場合に用いるのが一般的です。

> **❗ 学習ポイント以外の注意点**
>
> ・「音楽のまち」の「の」を"之"としたのは一定の評価をしてもよいかもしれませんが、中国語の表現としては少しもたついた感じがします。ここでは"音乐城"という表現が適していると思います。
> ・"次"と"届"は、日本語に訳すとどちらも「回」と訳すことができるのですけれども、明確な用法の違いがあります。課題文では「第一回日本青少年音楽祭」とありますから、今後２回、３回と定期的に継続されると推測されます。定期的に行われる催しや会議などの場合は"次"ではなく"届"を用いるべきです。また、"第一届"としてもよいのですが、書き言葉では"首届"と表してもよいと思います。

練習問題 （解答 ☞ p. 145）

先月締結された貿易協定によって、中国と南アフリカの経済関係史の新たな１ページが開かれた。

> **ミニクイズ** （解答 ☞ p. 145）
>
> 比較的平易な表現でありながら、間違いやすい"动宾搭配"の例を集めてみました。それぞれ中国語にしてみましょう。
>
> ①注目を集める　②関係を築く　③システムを構築する
> ④会議を開く　　⑤国交を樹立する　⑥コストを下げる
> ⑦式典を行う　　⑧情報を開示する　⑨貸付をする
> ⑩友情を深める

ポイント ❸　中国語らしい表現を心がける

　日本語をただ中国語に置き換えるのでは、自然な中国語表現は望むべくもありません。日本語の原文を読み込み、原文が何を伝えようとしているのか分析してこそ、中国語らしい表現に近づくことができるのです。実務翻訳においては、それほど高度な修辞—レトリックは必要ではありませんが、日本語ネイティブにとってはやはりかなり難しく感じるでしょう。何回も推敲を重ね、適切な表現をさがしてみてください。

課題①
> 我々は地球環境保全を経営の最重要事項と位置づけ、「すべてをグリーンにします」というスローガンを掲げ、すべての事業領域で環境保全活動に取り組んでいます。

NG訳　我们将对地球的环境保全定位在公司经营中的最重要活动，并提出"把一切变成绿色"的口号，在所有的业务领域努力进行环保活动。

[試 訳] 我们将对地球的环境保护视为公司经营工作的重中之重，并提出"全面实现环保"的口号，在各业务领域积极开展环保活动。

[解 説] 上記の課題文では、ある企業のスローガンを取り上げました。課題文中の「グリーンにします」という抽象的フレーズが引っかかります。日本語としてなら、なんとなくわかるのですが、翻訳するには、その意味を明確に把握する必要があります。

具体的に分析しますと、例文では「環境保全に力を入れる」ことが全面的に打ち出されていますので、「グリーン」は「緑色」あるいは「緑化」のことを指すのではなく、「環境保全」を言い換えたのであるという判断ができます。

NG訳では上記のような分析なしに、字面に引きずられて翻訳した結果、何を言っているのかわからない中国語になってしまいました。試訳ではこの企業の環境保全にかける強い意気込みがダイレクトに伝わってくると思います。

! 学習ポイント以外の注意点

・「環境保全」は中国語では"环境保护"です。
・「すべての事業領域」とありますと"在所有的业务领域"と訳しがちですが、「事業領域」はそれぞれ独立した領域を指していますので、ここは"各业务领域"と訳すべきでしょう。
・「～活動に取り組む」とありましたら、"开展～活动"と訳すのが最も自然です。NG訳でも一応わかりますが、中国語の表現としては平板すぎます。

[練習問題] （解答 ☞ p. 145）

当社はお客様のニーズにお応えすることを最優先とし、「おいしさ、楽しさ、安心」をお届けしてまいります。（食品会社のパンフレット）

課題②

近年、社会において企業が果たすべき役割の一つとして注目されているのが、「持続可能な地球環境づくりへの貢献」である。

NG訳　近年来作为在社会上企业应该起到的作用之一被注目的是，"为建设可持续发展的全球环境做贡献"。

試訳　近年来在企业如何履行社会责任上，人们所关注的是"能否为全球环境的持续发展做出贡献"。

解説　実務翻訳では中国語のレトリックに凝る必要はありませんが、スローガンや企業理念、広告のコピーなどは、短くわかりやすい言葉の中に多くの意味を込める場合がありますので、翻訳は非常に難しいと思います。

　課題文では「持続可能な地球環境づくりへの貢献」とあり、「持続可能な」は問題ありませんが、「地球環境づくりへの貢献」の部分は慎重に考える必要があるでしょう。「づくり」という和語表現はどういう意味なのか迷います。NG訳のように"建设"とずばり訳してよいのでしょうか。それともこの和語表現のあいまいな部分をあいまいなまま残すべきでしょうか。試訳はやや大まかと申しますか、あいまいな部分を多少残して訳してあります。このほうが課題文のニュアンスをより忠実に表現できると考えたからです。

> ⚠️ **学習ポイント以外の注意点**
>
> ・NG訳の最初の部分は直訳で、何を言いたいのかよくわかりません。
> 　課題文には、「社会において企業が果たすべき役割」とありますから、ここはCSR－企業の社会的責任を指すのだという分析

が欲しいところです。
・日本語の表現の中で、受身表現の多用は大変特徴的だと感じます。上記課題文の「注目されている」以外にも、「期待されている」「利用されている」「評価されている」という表現もよく目にします。課題文の「注目されている」は、誰に「注目されている」のでしょうか。ここでは「（社会の）人々に期待されている」と理解できます。したがって、"被人们所关注"と訳すことも可能です。しかし、この訳はいただけません。文法上間違いとはいえませんが、中国語の表現の習慣に合わないのです。そこで、試訳のように"人们所关注"と訳しますとしっくりきます。

練習問題（解答 ☞ p. 145）

林野庁が進めている「美しい森林づくり推進国民運動」は、すでに広く認知されている。

演習問題（解答 ☞ p. 161）

①今回は、貴市を代表して本市との文化交流提携に関する覚書にご署名をいただいただけでなく、講演会もお引き受けいただき、大変貴重なお話を聞かせていただきまして誠にありがとうございました。

②当社はお客様のニーズを的確にとらえ、お客様からのより高い信頼性を確保し、常に一歩先の世界に挑戦してまいります。

③１つの企業は、決して一握りの経営陣の努力によって発展できるわけではない。従業員１人１人が、未来を築くABC社の一員としてのあるべき姿を模索し、めざすべき企業像を共に造ることが大切である。

④佐藤知事の政策として評価されているのは、情報公開と社会福祉政

策、就業雇用促進などであるが、教育分野ではこれといって評価される政策はなかった。

練習問題解答

p. 140

　　上个月中国同南非签署了贸易协定，由此揭开了两国经济关系发展史上的新篇章。

＊「〜と〜」という場合、"和"を用いがちですが、"同"の方が実務翻訳としては適切だと思います。

p. 142

　　本公司将客户的需求放在首位，努力为客户提供"味美、快乐、安全可靠的食品"。

＊解答の後半部分を見てください。"提供"は動詞ですから、その後ろは形容詞ではなく名詞でなければなりません。解答では最後に"食品"という名詞を補い、完全な動詞—目的語構造としてあります。

p. 144

　　日本林野厅倡导的"爱护森林，建设美丽家园的国民运动"已得到广泛认同。

ミニクイズの答え

p. 141

①受到……关注、引人注目　　②建立（构建、构筑）……关系
③构建……系统　　④召开会议　　⑤建立邦交　　⑥降低成本
⑦举行仪式　　⑧披露信息　　⑨发放贷款　　⑩增进友谊

本書執筆のための参考資料

苏琦編著『汉日翻译教程』(重排版) 商务印书馆　2008年
庞春兰編著『新编日汉翻译教程』北京大学出版社　1998年
共同通信社編著『記者ハンドブック』(第11版) 共同通信社　2008年
三省堂編修所編『新しい国語表記ハンドブック』(第5版) 三省堂
　2005年

コラム 5　原書と翻訳書を読む

　翻訳に関する参考書やウェブサイトを見ますと、「読書」の大切さを強調しています。さまざまなジャンルの本を読むことが大事なのは言うまでもありませんが、ただやみくもに読書をすれば良いというものではありません。

　翻訳の学習のための読書は、楽しむための読書とは違いますから、明確な目的意識をもって読んでほしいと思います。例えば経済関係の文章に日常全く触れる機会のない人であれば、意図的に経済分野の書籍や論文を読み、内容と表現、用語などを意識しながら読み進むのです。

　経済関係の知識のない人が、いきなり中国語で書かれた経済関係の文章を読むのは、時間ばかりがかかって非効率的なだけでなく、正しく理解できないこともあります。そこで、まず母語の日本語で関連知識や表現を仕入れてから、中国語の文を読むとよいでしょう。

　中国語の表現を学ぶには、日本の文芸作品の翻訳本もよいと思います。中国では日本の文芸作品の翻訳本がたくさん出版されていますから、興味のある小説や、読んだことのある小説の中訳本を選び、日本語と対照しながら読み進めていくのも勉強になると思います。

演習問題の解答例と解説

演習問題の解答例と解説

第2部 ●【中国語→日本語】

Lesson 1

①当市の道路5路線建設工事の初期の準備作業は、現在順調に進んでいる。現在3路線のF/S・環境アセスメント・建設予定地選定等の準備作業は完了し、その他2路線についてもF/S等を進めている。
 ＊"可研"は"可行性研究"の略です。「フィージビリティスタディ」「事業化調査」などさまざまな訳語がありますが、実務翻訳では「F/S」「FS」と表記するのが比較的多いようです。"环评"は"环境评估"の略です。

②韓国メディアは、北朝鮮国連副代表の話として、北朝鮮は環境が整えば朝鮮半島核問題の6カ国協議に復帰するであろうと報道した。
 ＊"条件合适"をどのように訳したでしょうか。この場合「条件が合えば」と訳しますと、北朝鮮の態度がやや挑戦的であるというニュアンスになります。ここは「復帰する条件が備われば ─ 環境が整えば」と訳すのが適切かと思います。

③昨日開かれた教育システム業務会議において、市教育委員会は青少年の道徳教育強化の重要性を改めて明確にし、今後の教育の進むべき方向を示した。
 ＊"发展方向"を「発展方向」と訳すのは、最も良くない例です。"发展"は基本的な語彙の1つですが、訳しにくい語彙の代表例でもあります。もう一度辞書をよく見て語釈を確認してください。

④中国国家税務総局の担当者は、個人所得税関連の質問に答え、給与所得者を一律低所得者層と見なすのは実状に合わないと述べた。

Lesson 2

①まず私からいくつか意見を述べて議論の端緒とさせていただき、有識者の皆様には踏み込んだ討論をお願いし、より良い解決方法を見出していただきたいと思います。

＊"深入讨论"を「深く討論する」と訳すのは、日本語の表現としてはぎこちないと思われます。またよくある似たケースに"热烈交谈"がありますが、「熱烈に話し合う」ではなく「活発に話し合う」と訳すのが適切でしょう。

②営業担当は、豊富な商品知識を持っているだけではなく、顧客の様子からニーズを察し、求める情報を即座に把握しなければならない。

③先ごろ、市内でインターネット結婚相談所における詐欺事件が多発した。これをうけ、警察はネットユーザーに警戒を強めるよう呼びかけている。

＊"对此"の訳がポイントになります。「これについて」、「これに対して」などと訳すと、その前後がきちんと訳せていても、全体のまとまりがなくなってしまいます。

④最近、蘇寧市旅遊発展局は、より多くの観光客が家族そろって蘇寧市観光に来てくれるよう、全国各地で大々的にキャンペーンイベントを行っている。

＊"近日"を「近日」と置き換える人は少なくないようですが、"近日"は近い過去、現在、近い将来を表す言葉ですから、慎重に判断してください。この問題では後ろに"正在"とあることから、「近い過去から現在進行形」という意味と考えられます。"苏宁市旅游发展局"は固有名詞です。実務翻訳としては原則的に固有名詞は原文の表記を尊重しますが、"○○照相馆"や"海关总局"など、そのまま日本の漢字で表記すると全く意味が推測できない場合は「○○写真館」、「税関総局」などとすることもあります。ただし、最終的にはクライアントの判断を仰ぐことになるでしょう。

Lesson 3

①今年の中国の大学入試は6月7日から始まる。今年、江蘇省の大学受験者数は約30万人、入学定員数は約3万人と大学入試実施以来最も多い数となっている。

　＊"均"を省略する例です。"计划招生数"は厳密に訳しますと「予定入学定員数」ですが、日本語としてはこなれない表現ですし、単に「入学定員数」と訳しても差し支えないという判断です。"创历史新纪录"は文脈によって柔軟に訳す必要があります。

②地球温暖化問題は、国際社会が直面している課題であり、各国がともに対応しなくてはならない。中国政府は気候変動を重要視しており、世界各国とともに気候変動及び温暖化に対処していきたい。

　＊問題文には"共同"が2か所に用いられています。Lesson 3で"共同"は省略できる副詞の1つであると紹介しましたが、この問題文では最初の"共同"は省略し、後ろの"共同"は省略しません。後ろの"共同"を省略してしまいますと、「各国が（個別に）対応しなくてはならない」というニュアンスにもとられかねません。この演習問題には"～問題"が繰り返し出てきますが、このような類型を示す語彙―"问题""工作""任务"など―が具体的な意味を有する名詞（ここでは"气候变化"など）と組み合わされると「問題」「活動」「ミッション」という本来の意味は薄れますので省略して訳します。

③今、中国全国の子どもという子どもは、ほとんど日本の漫画やアニメに夢中だ。1980年代の子どもたちも『鉄腕アトム』に夢中だったが、今の子どもの『ウルトラマン』・『名探偵コナン』への熱中ぶりはそれ以上だ。

　＊複数形を省略する例です。演習問題には"孩子们"が2か所ありますが、2か所とも複数形を省いてもよいですし、どちらか一方を省くだけでもよいでしょう。"在中国，大江南北的孩子们"と、強調した表現の訳は工夫が必要です。"迷恋程度"は直訳しがちですから気をつけましょう。

④彼女にとって、あの頃の田舎暮らしは、いつまでも忘れがたく、すばらしい思い出であり、今でもその頃の事を懐かしく想う。あの田舎暮らしは、彼女の記憶の中で永遠に輝きを失わない。

　＊"～生活"は常に「～生活」と訳すとは限りません。

Lesson 4

①中国は経済が急成長する中で、さまざまな社会的矛盾に直面した。例えば、環境・水資源・エネルギー・格差等の問題はかなり深刻であり、これら重要課題をいかに解決していくかは中国の長期的な命運と密接に関わっている。

②『蟹工船』が日本で再びベストセラーとなっている。これまでの販売累計は100万冊の大台を突破し、出版業界や書籍販売関係者は「こんなに売れるとは小林多喜二も夢にも思わなかっただろう」と皆一様に述べている。
　＊『蟹工船』は中国でもよく読まれている小説だそうです。しかし小林多喜二が『蟹工船』の作者だということは、中国ではあまり知られていないため"已故作者小林多喜二"と書かれています。日本では、小林多喜二がすでに亡くなっているということ、作者であることは比較的よく知られている事実ですから、省略が可能です。

③本書の目的は中国文学作品を解釈する基本スキルと方法にある。すなわち、中国の近代から現代までの変遷を理解し、作者の美意識をとらえることによって、読者は文学作品を読み解く方法を幅広く習得できるのである。

④昨年、江西省のGNPは前年同期比13％増の4,980億元、1998年来最高の伸び率となった。海外及び省外からの資金の直接利用は39.17億ドルで、全国8位となり、初めて全国トップテン入りした。年間財政収入は24.1％増、前年同期比5.7％増である。

⑤2008年度の世界銀行のレポートによると、現在EU加盟27ヵ国の総人口は5億人を超え、北米自由貿易圏は4.2億人、東アジア経済圏（中国大陸・台湾・香港・マカオ及び日本・韓国・アセアン加盟10ヵ国を含む）が20億人となっている。

⑥チェン・カイコー監督の『花の生涯～梅蘭芳～』北京プレミアが開催された。主演のレオン・ライ、チャン・ツィイー、そして青年時代の梅蘭芳を演じたユィ・シャオチュンが出席した。

＊中国国内だけでなく、国際的に活躍しているアーティストやアスリートは、カタカナで表記するのが一般的です。

Lesson 5

①外交部の馬朝旭報道官は次のように述べた。クリントン米国国務長官の訪中は双方の相互理解を深め、大きな成果をあげた。クリントン国務長官は滞在中、胡錦濤国家主席・温家宝国務院総理と会談を行った。
　＊"美国国务卿克林顿"を語順のまま訳さないようにしましょう。原則としては名前が先で、肩書きなどは名前の後です。"在访华期间"を「訪中期間中」と訳しても間違いではありませんが、その前のセンテンスで「訪中」したことを述べていますので、ここでは「滞在中」と訳した方がスマートだと思います。

②彼女のファーストアルバムは中国のインディーレーベルである摩登天空（モダンスカイ）からリリースされた。そして昨年、セカンドアルバムが大手レコード会社CIMのレーベルから発売されたとのことだ。
　＊音楽業界も外来語を多用する業界の１つです。"发行"を「リリース」ではなく「発行する」、ここにはありませんが"录音"を「レコーディング」ではなく「録音」と訳すのは誤訳となりますから気をつけたいものです。

③バーバリーのトレンチコートとチェック柄は、昔からよく知られた定番である。2009—2010年秋冬ミラノコレクションのバーバリーのショーは、英国風のロマンティックなカーキのスエードコートで幕を開けた。定番のデザインではあるが、今もなお魅力的である。
　＊中国語では"09秋冬米兰时装展"とありますが、日本語では一般的に「2009—2010年秋冬ミラノコレクション」と表記します。
　＊"依然"は、「相変わらず」「依然として」などと訳す場合もありますが、この場合は少し工夫した方がよいでしょう。

④中国古代の四大発明—火薬・紙・印刷術・羅針盤は、中華民族の世界文明

に対する極めて大きな貢献である。2008年の北京五輪開会式では、この四大発明が中国を紹介するメインテーマとなった。

＊中国の四大発明を知らない人はいないと思いますが、"造纸"を「製紙」、"印刷术"を「印刷技術」と訳してはいけません。これは正しい訳≠定訳の典型的な例だと思います。また"北京奥运会"は「北京オリンピック」、"开幕式"を「開幕式」と訳しがちですから、気をつけましょう。

Lesson 6

①どのような状況にあっても、我々はまず人民の切実な利益に配慮しなければならない。人々の生活全般の問題を解決しなければ、社会の発展などおぼつかないのである。

＊問題文には"人民群众"が2か所ありますが、訳では重複表現を避けるために、最初の方を「人民」と訳しました。この問題文は、中国の行政について書かれていますので、敢えて「人民」をそのまま用い社会主義の中国らしさを表現したというわけです。また"只有～才能～"という呼応表現の訳は難しくありませんが、「～をしてこそ～である」というワンパターンな訳になりがちです。日本語ネイティブであれば、もう少し工夫をしてみましょう。ここでは"反译"（肯定文を否定文に、否定文を肯定文に訳す）の技法を用いて訳してみました。

②ネットショッピングにおけるセキュリティーが注目を集めている。現在、中国最大のeコマースサイトのタオバオがネットショップ経営者の本当の身分情報を確認し、その情報をユーザーに提供することは技術的に可能である。

＊"淘宝"は中国語の学習者にとっては、比較的身近に感じられる言葉かもしれませんが、一般にはそれほど知られていません。ここでは「タオバオ」がどのような会社であるか短い説明を補っています。この説明があるだけで、読み手は容易に理解することができるでしょう。

③この半年間の医療スタッフの行き届いた治療と看護に感謝し、患者の家族は「医徳高尚　華佗再生（優れた医療　伝説的名医—華佗の生まれ変わり）」

と書いた額を手渡すつもりだ。
　＊"医徳高尚，华佗再世"は額に書かれている言葉ですから、この部分をわかり易く、しかもコンパクトに訳す必要があります。訳例では少し長くなりましたが、額装をイメージしやすいように、原文を生かしました。

④Aグループは2005年米国ナスダック市場に上場した。Aグループは上場当日に注目を集めただけでなく、2005年度世界で最も輝いた新興企業となり、そのぬきんでた業績によって中国企業の代表として、全世界のトップに君臨する。

Lesson 7

①米国史上、初めての黒人大統領の誕生を、『人民日報』海外版では国際部副主任の「丁剛」の署名入り記事で次のように分析し評した。オバマは米国の白人の優越感を失わせたのではなく、さらなる優越感を抱かせたのである。
　＊"加固着白人的优越感。"を訳す際の日本語の連語に頭を悩ませるかもしれません。「優越感を確かなものにした」「優越感を持たせた」などと訳さないようにしましょう。
　＊「丁剛」は人民日報の国際部の有名な記者の1人ですが、日本ではあまり知られていませんので、説明を加えました。

②金融危機に直面し、現行の金融制度が一体どれだけの危機対応能力を有するのかという点も、金融制度の実力を示すものである。
　＊"它"が「金融制度」を指していることがわかれば、この訳は簡単です。"应急处理能力"は「緊急処理能力」とも訳せますが、ここでは金融危機がテーマとなっていますので、「危機対応能力」と訳した方が適切かと思われます。

③中国の旧正月である「春節」が近づくと、学生の間ではグリーティングカードやプレゼントの交換が急に盛んになる。取材で明らかになったのは、学生が交換するカードは、スターのブロマイドを使った高級なカードやWeb

アニメのキャラクターものであるということだ。
　＊"记者发现"の訳がむずかしいかもしれません。"记者"の訳を省略して"发现"を活かし、「〜であることがわかった」と訳すのも一案でしょうが、日本語の表現としては収まりが悪い感じがします。

④金融危機以前には、多くの製造業企業がビジネスチャンス拡大のために、次々と不動産に巨額の資金をつぎ込み、より幅広く、より多く投資すれば、リターンをより速く得られると考えていたものだ。しかし金融危機以降、不動産業界は低迷し、投資企業も大きな損失を出したため、製造業コストや経費の削減など一連の施策を余儀なくされた。

Lesson 8

①専門家は次のように指摘する。大学生の就職難は社会資源・教育資源の配置などの重大な問題に関わっており、就職難の解決のためには、社会のニーズに合わせて、わが国の教育資源の再配置を行う必要がある。

②先ごろアリババグループ傘下の支付宝（アリペイ）の担当者が明らかにしたところによると、現在、支付宝（アリペイ）の登録ユーザー数は5,000万人に達し、最もよく使われるクレジットカードの利用者数よりはるかに多いとのことである。

③公安部門と税務部門からなる合同チームはA市の重大な汚職事件に関し、厳密な調査を行った。その結果、現職市長には800万元余りの収賄及び20万元余りの公金横領など多くの容疑が明らかになった。

④温家宝中国共産党中央政治局常務委員、国務院総理は、先に中国南部を視察した際、次のように指摘した。太湖の治水は長期にわたる極めて困難な任務であるが、終始真摯に取り組み、さらに力を注ぎ、施工進度を速め、根本的な治水をやり遂げなければならない。

第 3 部 ●【日本語→中国語】

Lesson 1

①以报考公务员等国家级考试的学生为对象，我校设立了司法、行政等各种专业的研究室。

＊由于中国人大多习惯于使用短句子，因此当遇到较长修饰语（相当于中文的定语）时，可以尝试使用"拆译"的手法。拆译时，首先要读透原文的意思，并对其加以整理。以上的原文就是一个需要细读、分析、整理的典型例句。

＊另外，原文中虽然只是"各種の研究室"，但从文章中可以判断出是"各专业研究室"，因此译文中补加了"专业"二字。

②对于今后航空事业的发展方向问题，双方在以下几个方面达成了共识：扩大机场跑道；扩建航站楼；增加国内国际航班。

＊原文是一较长的例句，因此需要使用拆译的办法将长句子拆成短句子。具体译法是，先译中心部分，即大题目与结论；后译修饰性部分，即内容。翻译此句时，必须首先通过分析掌握以下要点，这就是："コンセンサス"＝"滑走路を拡張し、空港ターミナルを拡大し、国内・国際航空路線の増便に努める等の各点"。

③雇主在安排女职工上夜班时，事先要了解其难处并予以照顾，即要事先掌握其子女抚养情况、家属的看护以及个人健康等情况。

④去年我终于实现了儿时以来的一大夙愿，来到了梦寐已久的婆罗浮屠寺庙群。我当时的那种激动心情简直无法用语言来表达。

＊当推敲原文的"強いあこがれの気持ち"、"ずっと訪問の機会に恵まれなかった"时，如果照字直译，也许中国读者会感到不通顺，因此要寻找表达类似感情的中文用法。译文中的意译正是中国人较为习惯的译法，并且语句简洁，同时又不失原文欲表达的意思。

Lesson 2

①世界卫生组织上个月公布，日本人均钙摄取量只有世界平均的二分之一。
＊"～の統計によると"也可译作"根据……"，但"……的数据显示，"的用法，即使用动词"显示"可以更自然地引出下一句。
＊另外，原文中的"１人あたり"虽然是一个较普通的词汇，但似乎不知道的大有人在。"１人あたり"普遍翻成"人均"。

②只有战胜俄罗斯队，日本女排才有资格进入决赛。

③应当充分考虑国家及地方政府对推动科技研究所起的重要作用。

④只有充分利用好信息技术，才能保持经济持续增长，防止地球变暖。

Lesson 3

①各国应尽快采取环保措施。
＊日文原文虽然说得并不很直接，但翻成中文时要直截了当。应将「～について、その対策を」的部分直接理解为"～の対策を"去翻译。同时，日文的"環境問題"应是"環境保全問題"，即中文的"环保问题"。

②日本经济产业省拟从下一年度取消特定工业品特惠关税的进口额度。
＊原文是一种常见的政府部门公告。由于句中的修饰语（相当于中文的定语）过长，"廃止することとする"的范围究竟是"特定の工業製品について"还是"特定の工業製品について特恵関税を適用できる輸入額の枠"，不很明确。因此，翻译时要采用后者的解释。

③经过全体大会的讨论，决定按照原计划实施本项目。

④我们已同崔市长就双方的交流项目进行了沟通。在此希望各位能就文化相关措施各抒己见。
＊原文的"意见交换"容易被翻成"交换意见"，但译文中的译法更为自然、

普遍。另外，原文中的"皆さんのご意見をいただければと思う"也可翻成"希望提出～　各位的意见"，但"各抒己见"的词句更为简洁、精炼。

＊原文的"文化関連の施策"有可能被翻成"有关文化的措施"，但是，如果使用"就……各抒己见"的手法，则"就"的后面最好选择名词性的词汇，否则将显得罗嗦。

Lesson 4

①日本财务省公布的2008年海关统计数字显示，无纺布的出口同比增长了18%，达48000吨，近年来无纺布的出口量一直呈增长态势。

＊日语中有每隔三位数点一个"，"符号的习惯，但汉语中，除会计等行业有此习惯外，并不很普遍。

②10月，各国首脑莅临日本，参加了隆重的庆典。美国总统奥巴马、中国国家主席胡锦涛、法国总统萨科齐、英国首相布朗、俄罗斯总统梅德韦杰夫、韩国总统李明博等20多个国家的首脑与外长均齐聚日本。

＊"莅临"是日语"来訪する、臨席する"的书面语。"庆典"也可翻作"庆祝典礼"。

③日本的动漫在中国也极具人气，从未看过日本动漫的年轻人为数颇少。最近日本动漫五大人气排行榜的排序是《名侦探柯南》、《青蛙军曹》、《蜡笔小新》、《网球王子》、《机动战士高达00》。

④1904年鲁迅去仙台医学专门学校学习，并在那里结识了毕生难忘的恩师——藤野严九郎先生。两人的交往虽然很短暂，但鲁迅后来在作品《藤野先生》中特意讲述了那段记忆。

＊翻译时要将"明治37年"换算成阳历。在互联网上可以找到日本年号和阳历的换算表，翻译时望能作为参考。翻译原文的"生涯の師と仰ぐ～"时采用了意译的手法。

Lesson 5

①中国经济能在多大程度上缓解暴涨的资源能源价格，值得关注。同时，环境问题的恶化也将使中国迄今为止的强劲投资态势难以为继。

＊原文虽然是一整句，但由于包含不同的两种内容，因此使用了"拆译"手法。另外，"順調な投資の増加"也可考虑译作"较快的投资发展"，但鉴于原文的语感，采用了上述表达方式。

＊除此之外，"吸収できるかという点も問題であるが"一句多会译作"……是一个问题"，但从"问题→要被提出→要引起关注"的分析中，引申至译文的"值得关注"。

②咨询公司为我公司量身定做的管理系统不仅可使我公司的工作效率得以提高，还可较大地改善公司效益。

③新电动汽车采用的新技术使无尾气排放，即零排放得以实现。

＊日语的"ゼロエミッション"即"廃棄ゼロ"，一般翻成"零排放"、"无排放"。原文是有关汽车的内容，所以翻成"无尾气排放"。

④重整现有的旅游资源并发掘新的旅游资源，定能使持续低迷的静冈县旅游业重新振作起来，使经济恢复生机。

＊"新たな観光資源の開発"也可以翻成"开发新的旅游资源"，但是，"发掘……资源"的搭配显得更形象、更具体。

＊"定能～"和"一定能够"是同一意思，但笔译时最好使用书面语"定能～"。

Lesson 6

①我去年曾去北京和上海进行了考察，今年想再到中国内地去看看。

＊原文前半部分的主语是"昨年の視察"，后半部分是"今年は"。日文本身是极为普通的句子，但中文却不能照搬直译，应加上主语"我们"以及动词"考察"。

②所有媒体皆报道了在意大利发生的那起恐怖案件。

＊中文初学者中恐怕有不少人并不知道"案件"的量词是"起"。请参考 p.

121的量词归纳。"皆"与"都"虽然意思相同,但"皆"更适合于书面的表达方式。

③时隔两个月,昨天我又去上课了。但我发现班主任还和从前一样总教训人,真让人感到厌烦。

④日本的剑道爱好者中有很多人是由于崇尚日本江户时代的著名剑侠宫本武藏而步入剑道之门的。
　＊翻译此句时,如果不对"宫本武藏是著名的剑侠"加以解释,那么普通的中国人会不知所云。但解释不能过长。原文中的"少なくない",使用"反义"的手法译成"有很多"则更自然。

Lesson 7

①本工厂采取了高效率的分工作业,进而使各生产线建立并完善了严格的质量检验体系。
　＊日文的"整備"二字经常用在各种文章中,似乎是个"方便"的词汇。但是"整備"二字不能直接搬到中文中。"整備"的日文解释是"すぐ使えるように準備をととのえること"(摘自"广辞苑"),因此其涵盖的范围较广,《日中词典》中也有多种解释。根据原文的内容,在这里将其翻为"建立与完善"。

②请尽量减少外出,保持充分的睡眠和营养,避免过于疲劳,以免感染上流感。

③我们在研发、生产、销售、售后服务的各个环节,都要恪守公司的规章制度,从而保证向客户提供优质的商品。

④交通拥堵也严重影响了我县的环境,我们应迅速采取有效措施。特别应加快扩宽公路和增加车道、修建完善旁路和立交桥等设施,从而缓解我县西部地区的交通拥堵问题。
　＊例句中的"交通渋滞"也可译作"交通堵塞"、"交通拥挤"。但是最近

"交通拥堵"较为普遍。

Lesson 8

①您不仅代表贵市与我方签署了双方文化交流合作备忘录,而且还为我市作了极为精彩的演讲,让我们受益匪浅,在此表示诚挚的谢意。

＊原文是较郑重的感谢文章,所以翻译时要注意表达出原文谦恭的语气。原文中没有主语,所以翻译时要加上"您"。"お話"可翻成"演讲",但中文里没有"珍贵的演讲"这种搭配,因此意译为"精彩的演讲"。

＊至于为什么加上"受益匪浅"四字,实际上这体现了中国人的构思和表达方式。如果"作了极为精彩的演讲"后,只加上"谢谢"似乎显得较为唐突,既然"感谢"是为了表达对"精彩演讲"的感受,所以中国人此时在"演讲"后面自然就会加上"受益匪浅"四字,以此引出下面的"谢意"。

②本公司为了准确掌握客户的需求,赢得客户更大的信任,将不断去挑战新的领域。

＊翻译"一步先の世界"这种抽象表达方式时,往往会令人感到棘手。这里试着将此句翻为"新的领域",但想必还有很多其它译法。当原文比较抽象难以下手翻译时,首先要考虑原文要表达的意图,其后试着用其它词汇来替换,这样就会找到恰当的译法。

③一个企业绝不是仅凭几名高层领导的努力就可以发展起来的。重要的是,ABC 公司的每一员工要思考如何在公司未来发展中奉献力量;要思考如何共创理想企业。

④佐藤知事推出的政策方针中,信息披露、社会福利、促进就业等政策得到了广泛的好评。但是,教育层面的政策却没有得到社会的认同。

＊"佐藤知事の政策"往往容易被翻成"佐藤知事的政策",但加上动词,文章会更有立体感、更自然。"层面"和"方面"的意思相近,"层面"是近年来较为普遍使用的词汇。

［著者紹介］

髙田裕子（たかだ　ゆうこ）
1957年静岡県生まれ。桜美林大学卒。商社勤務を経て、中国語通訳・翻訳業に従事。サイマル・アカデミー講師、桜美林大学非常勤講師、法政大学兼任講師。
主な著書に『中国語新語ビジネス用語辞典』（編著）、『日中・中日通訳トレーニングブック』『中国語発音マスター』（いずれも大修館書店）、『いちばんやさしい中国語会話入門』『文法をしっかり学ぶ中国語』『シンプル中国語会話入門』『CD付き　中国語　話す・聞く　かんたん入門書』（いずれも池田書店）、など。通信制個別指導翻訳スクール「髙田先生の翻訳教室」主宰。中国語学習専門ブログ『髙田先生の中国語お悩み相談室』http://takadasensei.blog.fc2.com/ 更新中。

毛燕（マオ　イエン）
1962年中国北京市生まれ。対外経済貿易大学卒。中国対外経済貿易部に勤務。その後、航空会社、通信器機メーカーにて社内翻訳・通訳を経て、フリーランスの中国語通訳・翻訳者に。サイマル・アカデミー中国語通訳者養成／翻訳者養成コース講師。著書に『日中・中日通訳トレーニングブック』（共著・大修館書店）、『もち歩き中国語会話』（共著・池田書店）など。

　　　　　　にっちゅう　ちゅうにちほんやく
　　　　　　日中・中日翻訳トレーニングブック
Ⓒ TAKADA Yuko, MAO Yan, 2009　　　NDC820／viii, 161p／21cm

初版第1刷──2009年11月20日
　　　　第4刷──2021年9月1日

著　者────髙田裕子／毛燕
　　　　　　　（たかだゆうこ）（マオイエン）
発行者────鈴木一行
発行所────株式会社　大修館書店
　　　　　　〒113-8541　東京都文京区湯島2-1-1
　　　　　　電話 03-3868-2651（販売部）　03-3868-2290（編集部）
　　　　　　振替 00190-7-40504
　　　　　　［出版情報］https://www.taishukan.co.jp

装幀・本文デザイン──熊澤正人＋尾形忍（パワーハウス）
カバーイラスト──────信濃八太郎
印刷・製本──────────図書印刷

ISBN978-4-469-23256-1　Printed in Japan

Ⓡ 本書のコピー、スキャン、デジタル化等の無断複製は著作権法上での例外を除き禁じられています。本書を代行業者等の第三者に依頼してスキャンやデジタル化することは、たとえ個人や家庭内での利用であっても著作権法上認められておりません。